喬木書房

喬木
書房

Personality,
will affect the success in a career.

O. S. Marden——著　杜風——譯

個性影響一生的成敗

全球超過10,000,000人因此書得到了積極的改變

全國銷售突破十萬本，國防部刊物連載推薦閱讀、廣播電台評選為最佳讀本，
各大中小企業、公私立機關團體、學校社團讀書會指定閱讀。

你要成為環境的主人，而不是環境的奴隸。

一個人失敗的最大原因，是不能充分相信自己的能力，
甚至認為自己無法獲得成功。

暢銷十週年

★★★★★

全新增訂版

目錄

1 養成準時的好習慣

有人說過：構成偉人的兩個要素，就是才能和準時，而前者往往又是後者的必然產物。因為凡是珍惜時間的人，不會讓一分一秒從自己的指縫中流走，最後一定能在他生命中打上「成功」的標記。

凡是真正成功的人，一定養成準時的習慣。一個做事常不準時，乘車常脫班、約會常遲到、付款常延期的人，信用必定會一落千丈，別人也不會信任他。也許他實際上是一個很誠實的人，但是誠實無法彌補不準時為他帶來的負面影響。

在每件事、每個約會上都準時的人，無形中增加了他自己的時間。拿破崙曾經說過：「之所以能戰勝奧地利人，是由於奧地利人不知道五分鐘的價值。但是實際上，每失去一分鐘就是多給自己一個遭遇不幸的機會。」

在做事的過程中，再也沒有比準時更來得重要；也沒有比準時更能節省自己和他人的時間。有一次，拿破崙邀請一些部下來吃中飯，可是到了時間，不見他們來到，拿破崙就一個人吃了起來。在他吃完的時候，將士們終於來了。拿破崙說：「諸位！中飯時間已過，我們立刻去辦事。」

很多年輕人因為不能準時，而失去了獲得高職位的機會。已過世的范德比爾特先生一向非常準時。在他看來，不準時乃是一種難以寬恕的罪惡。有一次，他與一個請求他幫忙的青年約好，某天早上的十點鐘在自己的辦公室見面，陪那位青年去會見一位火車站站長，接洽鐵路上的一個職位。但到了這一天，那個青年去見范德比爾特時，比約定的時間竟遲了二十分鐘。所以，當那位青年來到辦公室時，范德比爾特先生已經離開，去出席另一個會議了，因此沒有見到。過了幾天，那個青年再去求見范德比爾特先生，范德比爾特先生問他那天為什麼失約，誰知那個青年人回答說：「沒有呀！范德比爾特先生，那天我是在十點二十分來的。」「但是約定的時間是十點鐘啊！」范德比爾特先生提醒他。但那個青年仍然支吾著說：「只遲到一、二十分，應該沒有太大的關係吧！」范德比爾特先生很嚴肅地對他說：「誰說沒有關係？你要知道，能否準時赴約是件非常重要的事。就這件事來說，由於你不能準時，因此失去了你所嚮往的職位；因為那一天，鐵路部門已接洽了另一個人。而且，我還要告訴你，你沒有權利看輕我二十分鐘的時間，以為我白等你二十分鐘是不要緊的。老實告訴你，在那二十分鐘的時間中，我正要應付另外兩個重要的約會呢！」

已故的摩根先生告訴一位朋友，他把每一個鐘頭都看成是一千美元。許多青年人雖都承認摩根的話，卻仍虛度他們寶貴的光陰。他們沒有想到，或許自己的時間也可以與摩根的時間一樣值錢。

勞倫斯說：「成功做事的秘訣，首要一點就是要養成準時的習慣，可是一般人的習慣往往是一再拖延。」做事準時的習慣，也像其他的習慣一樣，要早日加以訓練。

納爾遜侯爵曾經說過：「我一生事業的成功，要歸功於做事總是提早一刻鐘的習慣。」準時是國王的禮貌、紳士的職責和商人的必要習慣。

2 信心與勇氣

世上只有那些有責任心、肯負責任的人，才能獲得成功；只有那些言必行、行必果的人，才能成就偉大的事業。要承擔起對事業的責任，首先必須要有堅強的自信心，要自信做任何事情都能成功。

很多人遇到些許的挫折便心灰意冷，精神沮喪，他們認為命運在和自己作對，再努力也毫無益處。

但是只要注意看看，就會發現不少成功者都曾經失敗過，甚至於面臨破產，只因為他們有勇氣、有決心，所以始終沒有被擊垮，仍然在努力地堅持著，希望能東山再起。

試看世上一切事業的失敗，大多數並不是由於經濟上的損失，而是因為缺乏自信。

人生最大的損失，除了喪失人格之外，就要算是失去自信心了。當一個人如果沒有自信心時，做任何事情也都不會有所成功，正如沒有脊椎骨的人是永遠站不起來的一樣。

世上沒有什麼真正的困難障礙能夠阻擋一個勇敢者、堅毅者的前進道路。班揚入了監獄後，仍然寫出著名的《聖遊記》；密爾頓被挖掉眼睛之後，仍然寫出了《失樂園》：帕克曼能寫成《加利福尼亞與俄勒岡小道》，靠的也是他們勇往直前的決心；英國郵政總局長夫奧西特所以能有今天的地位，也無非是靠他的毅力。像這類成功者的例子不知有多少，而他們的成功都是靠著沉著與堅韌。

一個人的潛能就像水蒸氣般，其形其勢無拘無束，任誰都無法用固定形狀的容器來裝它。而要把這種潛能充分地發揮出來，就一定要有堅定的自信心。

目光敏銳的人能夠從路過身邊的人中指出哪些是成功者。因為成功者走路的姿勢、一舉一動都會流露出十分自信的樣子。從他的氣度上，就可以看出他是一個有自信和決心完成任何工作的人。一個人的自信和決心就是他萬無一失的成功資本。同樣，目光敏銳的人也能隨時隨地看出誰是失敗者。

一個成功者處理任何事絕不會含混不清、迷迷糊糊。他魄力十足，無需依賴他人而能獨立自主。而那些陷於失敗的人既缺乏心理上的自信心，又沒有實際的做事能力，看上去總是一副窮途末路的樣子，從他的言談舉止和實際工作上看，彷彿處處無能為力，只好聽任命運的擺布。

在一個人的事業上，自信可以創造奇蹟。自信使一個人的才能取之不盡、用之不竭。一個缺乏自信的人，無論本領多大，總是無法抓住任何一個良機；每遇重要關頭，總是無法把所有的才能都發揮出來，所以，那些絕對可以成功的事在他手裡也往往弄得慘不忍睹。

一項事業的成功固然需要才能，但是自信心也不可少。如果你沒有這種自信心，那是由於你不相信自己能具有自信心的緣故。要獲得成功，無論如何都要從心靈、言行、態度拿出「自信心」三個字來。這樣，無形中別人就會開始信任你，而自已也會逐漸覺得自已的確是一個值得信賴的人。

作為商店的老闆，當生意冷清、存貨積壓嚴重、店員不負責任、貨款又紛紛來催討時，最能顯示出一個商人的才能。透過這時候他在人們面前的一舉一動，別人清清楚楚地可以看出他的底細。如果他遇到一些微不足道的小事，就暴跳如雷；心中稍感不快，就對人莫名發怒，那就說明，他還沒有學會一種最重要的本領——他無法隨時克制自己的脾氣。

固然，一個商人在生意興旺、經營順利的時候，容易喜氣洋洋、春風得意。但在經營時業績下降、市場蕭條、入不敷出、面臨一切艱難困苦時，如果還具有十足的勇氣，不抱怨、不煩惱，仍然待人和善、仁慈，這才是最難做到的。當你在工作和事業上面臨困境，多年辛苦累積的資產喪失殆盡時，還是應該在家人和孩子面前保持平穩的心情，不消極、不氣餒、沉著鎮靜、永不氣餒，這是每一個人所應該培養的品格。任何商人都應該永遠以親切的笑容和藹待人，應該有一種滿懷希望的氣魄，應該具有突破逆境的自信心和決心。一個人具有不急躁、不怨天尤人、不輕易發怒和遇事不優柔寡斷的良好特質，往往要比焦慮萬分的心態更容易應付種種困難、解決種種矛盾。

沒有哪一個滿口說「快要失敗」、整天抱怨「處境艱難」的人會獲得成功。對於任何事情，不應該朝著消極的方面想，也不應該埋怨市場蕭條或是行情不利，一般商人最容易沾染這種怨天尤人、自暴自棄的惡習。的確，在他們看來，世上沒有所謂「樂觀」兩個字。一切都籠罩在失望、挫敗、無法成功的氣氛中。這種觀念統治了他們的頭腦，就在無形中把他們拖進失敗的深淵中，使其永遠不能自拔、永遠不會看到成功的一天。立即鼓起勇氣、振作精神，努力排除一切妨礙成功的因素，學習如何改變環境，如何掃除外界的險阻勢力。任何事情，你都應往成功方面想，而不可以整天唉聲嘆氣地去思慮失敗後的處境將是怎樣的悲慘。

一個做事光明磊落、生氣勃勃、令人愉悅的人，到處都受到人們的歡迎；而一個總是怨天尤人、專說失敗的人，任誰都不願意與他交往。能在世上不斷發展自己事業的是那些對未來滿懷希望、愉快活潑的人。就我們本身而言，也希望避開那些整天滿面愁容、無精打采的人。

一個有必勝決心的人，在他的言行舉止中無不顯示出十分堅決、非常自信的氣質。他意志堅定，能夠胸有成竹地戰勝一切。人們最信任、最景仰的也就是這種人；反之最厭惡、最瞧不起的則是那種猶豫不決、沒有主見的人。

一切勝利只屬於各方面都有把握的人。那些即使有機會也不敢把握、不能自信成功的人，只能落得一個失敗的結局。唯有那些有十足的信心、能堅持自己的意見、有奮鬥勇氣的人，才能保持在事業上的雄心，才能自信必定會成功。

在生存競爭中最後贏得勝利的人，一舉一動中一定充滿了自信，他的非凡氣度一定會使人自然對他產生特殊的尊敬；每個人都可以看出他生氣勃勃、精力充沛的樣子。而那些被擊敗及陷入困境的人，卻總是一副死氣沉沉的樣子；他們看起來就缺乏判斷力和自信，無論是行動舉止、談吐態度，都容易給人一種懦弱無能的印象。

如果你建立了一定的事業發展基礎，而且你自信自己的力量完全能夠愉快地勝任，那麼就應該立即下定決心，不要再猶豫不決。即使遭遇困難與阻力，也不要考慮退縮。

在一個事業成功的過程中，荊棘有時比玫瑰花的刺還要多。它們會成為你事業進展的絆腳石，正是這絆腳石在測試你的意志究竟是否堅定、力量是否雄厚，但只要你不氣餒、不灰心，任何絆腳石都有辦法除去的。只要緊緊盯住已經確定的目標，堅定地相信自己的能力和事業上成功的可能，這樣就能使你在精神上先達到成功的境界。隨後，在實際的事業過程中的成功也一定是確信無疑的。

你要力排眾議，打消一切古怪的念頭；遇事馬上決策，立即行動；任何時候任何事情都要胸有成竹，絕不氣餒；決心必須堅如大山，意志必須強如鋼鐵，不隨便動搖，無論受到怎樣的打擊與引誘——這是戰勝一切的訣竅。

世界上有無數的失敗者，都是因為他們沒有堅強的自信心，而且他們所接觸的都是心神不定、猶豫怯懦之輩，因此他們自己三心二意，對事情缺乏果斷的決策能力。但其實，他們體內明明包含了成功的因素，卻被自己便是驅逐出了自己的身體。

無論你陷於何種窮困的境地，一定要保持可貴的自信心！堅決的心無論如何不能在惡劣的環境下屈服。**你要成為環境的主人，而不是環境的奴隸**。無時無刻不在改善自己的境遇，無時無刻不在朝著目標前進。你應該堅定的說，自己的力量足以實現那個事業，絕對沒有人能夠搶奪你的內在力量。你要從個性上做起，改掉那些猶豫、懦弱和多變的個性，養成堅強有力的個性，把曾被你趕走的自信心和一切曾經喪失的力量重新挽救回來。有人因為在事業上遭到失敗而失去信心，但因為重新找回了自信最後能夠挽回敗局，而東山再起。

3

成功是自信者的專利

很多偉人、領袖一路向前，好像勝利追隨著他們，這些人足跡所至，無往不勝；彷彿是一切事物的主人、一切行動的發號施令者。他們能傲視群雄、征服一切，這一切其實應歸功於他們的自信。他們相信自己有克服一切艱難困苦的力量，他們相信自己享有一切勝利的專利，在他們眼裡，為生存而競爭、去獲取成功，彷彿都十分容易；他們能做到改變並控制自己的環境，他們也知道：自己是無所不能的人物之一，他們做任何工作舉重若輕，就像巨型的起重機搬動一件物品一樣輕而易舉。

他們永遠樂觀從不猶豫，從不恐懼未來；只知道任何事情到了自己手裡，一定要做成功，一定做得盡善盡美，所以，世界上的偉大事業彷彿要由他們來做，這種堅強有力的人做起事來，不瞻前顧後、不遲疑不決。當事業路途上遇到任何困難障礙時，他們也絕不退縮，自信靠著他們的卓越才能便可以奮力越過。

這種人總是相信自己才能過人、精明幹練，一切勝利無不在自己的掌握之中。同時他們也相信自己的精神不敗，勇氣永存，手裡的任何事情都能做得到十全十美。

一個人失敗的最大原因，就是不能充分相信自己的能力，甚至認為自己無法獲得成功。

凡是想在社會上建功立業的人，首先要確信自己必定能夠成功。自信天生能夠征服一切，而一切的成功都會隨它而來，成功是它應享的權利，它能夠征服任何阻礙，面對任何打擊。學校教師、家裡的父母如果希望自己的學生、子女出人頭地，就應該盡可能把一種觀念灌輸給他們：相信自己具有獲得成功的能力。

自古以來，世上無數的傑出人物之所以成功，大都是因為有明智的父母，聰明的教師和誠摯的好友在旁鼓舞勉勵，使他們在無形中產生了一種神奇的力量，相信自己必有成功的希望。他們或許也有態度消極、準備中途退縮的時候，但想起親友的熱忱鼓勵，以及親友對於自己的信任時，便又立刻振作精神，再度奮力去做。

最能有助於朋友的往往不是金錢或物質上的幫助，而是親切的態度、令人振奮的談話、表示出同情，以及真誠地讚美、鼓勵。這樣做不但可以使你的朋友受惠無窮，就是對於你本身，一定也可以得到比你朋友還多的益處。

人就好像一部複雜的機器，那漫長的生命就是為了成就一番偉大事業，建立不朽的功名。所以，人體這部複雜機器每一個零件對成功來說都是關鍵，都是成功的一個要素，也就是說，完全是為了成功而存在的。

記住這個原則，確信自己必有成功的把握，無異於替自己的精神打下一劑強心針，會使那些遲疑、恐懼、退縮、徬徨的思想都遠離你。同時，希望、期待與能力都會像電流在你身體裡流過一般，使整個身體受到感應，把你改造成一個充滿希望、前途無量的人。

在創作歌譜時，必須使每一個音節都十分和諧；一個人的各種活動也是如此。凡是人體內的每一根神經、每一條筋絡、每一個細胞、每一項組織、每一種能力都是成功的基本要素，如能和諧一致，就可以產生極大的效力。但是，正如一個音調走音時會使整首音樂失敗一樣，人在任何一種本質上的弱點都可以使他的全部努力淪於失敗。

沒有一個人命中注定是要失敗的。只要他自己善加利用本身的資源，他全身的一切本質，一切組織無不具有成功的能力。

也沒有一個人命中注定是要過窮苦生活的。自古以來的無數例子可以證明，每一個人都有享受生活和快樂的權利。無論從一個人的生理結構、心理或環境，人人皆為快樂而生，人人都有權享受一切幸福、富貴和滿足。

4 直率與迅速

直率、迅速是一切成就大業者必須具備的基礎資本。對於任何事情，既不可馬虎也不可退讓，一定要靜下心來詳詳細細地研究，弄得清清楚楚。當他與別人商談生意時，用不了一會兒功夫就能把來意說得明白清楚，絕不會浪費別人一點時間。當把自己所要商談的事情談妥後，便會立刻告辭離去。

一個辦事幹練、為人精明的人大都具有直率、迅速的性格。他們十分珍惜寶貴的時間，絕對不願把一分一秒的光陰耗費在毫無益處的事情上。這種惜時如金的精神，也是每一位主管所應具備的特質。

很多人之所以失敗，一個重要原因就是因為辦事時經常拖延遲誤，不能迅速解決。有許多有利的商機都在他遲疑不決、優柔寡斷、左思右想的時候失去了。

有很多本來希望無窮的律師，因為不能直率而迅速地辦事，最終歸於失敗。美國聯邦最高法院的一位法官說，一件案子的勝負關鍵往往是對於案件中核心問題的辯論。有些律師出庭時，往往考慮到案子的重要性，就不得不把他的辯護詞拉拉扯扯地講了一大堆，並且還舉出無數個證據來。

結果，法官和陪審員被他攪得頭都暈了，而且由於他的話語和細節太多，又容易被對方抓住許多漏洞。要知道，在法庭上是沒有一分一秒的時間允許你多說一句廢話的，法官和陪審員最愛聽的是那些直接的辯護。無論你因何事而辯論，一定要用簡潔透徹的方式來闡明。

無論你的本領有多高、學識有多深、氣勢有多大、腦子有多聰明，如果沒有迅速果斷的處事手段，是絕對抓不住要點而獲得成功的。

有些高材生獲得了一定的學位，看起來似乎前程似錦、大有作為。但是很多人卻缺乏迅速果斷的性格，對所有的事務和職業往往都要左思右想，這樣，機會就一個個從眼前溜走了。其中不少人還都是出生於富貴之家，有著富裕的生活，受了很高的教育，親友家長對他們的期望也很高，但就是因為他們缺乏迅速果斷的性格而無法把握住良機，無法獲得大的發展，最後令人大感失望。

沃納梅克的合夥人羅伯特·奧格登說，根據他的經驗，一般情況下，無法再上進的年輕人最大的弱點就是多嘴多舌，他認為，一個沉默寡言但能以實際成績示人的人，大都是容易成功的。

5 珍惜時間

一個成功者往往非常珍惜自己的時間。通常，工作忙碌的人都希望設法趕走那些來與他閒聊或消耗他們時間的人，他們希望自己寶貴的光陰不要因此受到損失。

不論是老闆還是員工，一個做事有計劃的人總是能判斷自己面對的客戶在生意上的價值，如果面對的是無謂的廢話，他們會想出一個收場的辦法。同時，他們也絕對不會在別人的上班時間和人談及與工作無關的話，因為這樣做實際上是妨礙了別人的工作效率，也妨礙了他的老闆應得的利益。

善於應付客戶的人在得知來客名單之後，就決定預備出多少時間。羅斯福總統就是這樣做的一個典範，當一個很久才見一面的客戶來拜訪他時，羅斯福總是在熱情地握手寒暄之後，便很遺憾地說他還有許多別的客戶要見。這樣一來，他的客戶就會很簡潔地道明來意。

某位大公司的經理向來就有待客謙恭有禮的美名，他每次與客戶把事情談妥後，便很有禮貌地站起來，與他的客戶握手道歉，遺憾地說自己不能有更多的時間再多談一會兒。那些客戶都很理解他，對他的誠懇態度也都非常滿意，所以也不會介意。

那些在大銀行、大公司工作的許多經理們，以及在各大企業財團工作的許多高級職員們，多年來都養成了這種本領。有很多實力雄厚，深謀遠慮，目光敏銳，吃苦耐勞的大企業家，都是以沉默寡言和辦事迅速敏捷而著稱的。他們所說出來的話，句句都很準確，也都有一定的目的，他們從來不願意在這裡頭多耗費一點一滴的寶貴資本——時間。當然，有時一個做事待人簡捷迅速，斬釘截鐵的人，也容易引起一些不滿，但他們絕對不會把這些不滿放在心上。為了要在事業上有所成就，為了要格守自己的規矩和原則，他們不得不減少與那些和他們的事業並無相關的人來往。

商人最可貴的本領之一就是和所有的人來往，而且都能簡捷迅速，這是一般成功者都應具備的能力。一個人只有真正認識到時間的寶貴，他才有意志力去防止那些愛饒舌的人來打擾他。在美國現代企業界裡，與人接洽生意能以最少時間發生最大效力的人，首推金融大王摩根。為了恪守珍惜時間的原則，他招致了許多怨恨，但其實人人都應該把摩根作為這一方面的典範，人人應具有這種珍惜時間的美德。

通常，摩根總是在一間很大的辦公室裡，與許多職員一起工作，他不像其他的商界名人，只和秘書待在一個房間裡工作。摩根會隨時指揮他手下的員工，按照計劃行事。如果你走進他那間大辦公室，是很容易見到他的，但如果你沒有重要的事情，他絕對不會歡迎你的。

摩根有著卓越的判斷力，他能夠輕易地猜出一個人要來接洽的到底是什麼事。當你對他說話時，一切拐彎抹角的方法都會失去效力，他能夠立刻猜出你的真實意圖。就是因為具有這樣卓越的判斷力，所以摩根節省了很多寶貴的時間。

6 成功的資本——健康

有規律的生活是所有人達到成功最得力的助手，也是每一個渴望在生命中贏得勝利的人應該學習的。

一個立志要成功的人一定認為自己是個重要的人物，所以常常激勵鞭策自己，準備在社會上出人頭地。他隨時都注意鍛鍊自己，就像比賽選手練習打球、賽跑一樣，從不荒廢，準備靠著強健的身體努力奮鬥，爭取勝利。

一個體育選手每天都在為自己的榮譽奮鬥，他們必須要有吃苦耐勞、持之以恆的精神，一年四季都要不斷參加訓練。為了生氣勃勃、擁有耐力，而不得不竭力自我克制，在日常生活中時時注意自己是否恪守規則。他們往往不抽煙不喝酒，也防止自己吃那些有害身體的食物，並且對睡眠、飲食、運動都嚴格管理。

運動員大量的時間，在嚴格地訓練自己、管理自己，目的只有一個——能夠全力以赴地參加一次短短數分鐘的競賽。但這歷時很短的競賽，就是榮辱成敗所在！

也許有人對此會很不理解，為什麼每天這樣早睡早起，弄得滿頭大汗，就為了去爭取那幾分鐘的勝利呢？但是據我所知，那些想參加競賽的人為了得到寶貴的榮譽，卻總認為自己操練得還不夠辛苦、準備得還不夠充分。

同樣地，有些人不能理解那些專門研究學術的人：為什麼要經年累月的去研究高深的數理、科學、歷史、文學呢？只要概略地知道一些常識，不就夠了嗎？

在很多不經深思熟慮的人看來，這種見解是對的，但是，一旦到了最重要的時刻或面臨最關鍵的競爭時，一切問題就顯露出來了，代表著榮譽的勝利獎杯都落到了那些持之以恆的人手裡。而此時，那些失敗者會埋怨自己為什麼不多吃點苦、多下點功夫、多訓練一點、多學習一點，以便在這樣的重要時刻克敵制勝？

一個渴望成功的人會思考：如何運用自己的才智、精力和體力才是最有效率的。有不少人往往使自己的才智、精神、體力空耗了、糟塌了，就好像他們胡亂揮霍金錢一樣。

有許多立志成功的人非常明白一個道理：要把自己的精力全部傾注到事業上，但是在實際工作中，他們仍會不知不覺把相當的精力耗費在毫無助益的事情上。一個人利用自己的精力，就像我們平時用水一樣，一個不小心就會浪費很多。

世上大多數的人都在隨意浪費自己的精力，不僅如此，他們往往連另一個重要的成功資本——身體也不去注意。至於損耗腦力的方法更是五花八門，造成了生命力的最大損失。例如：動不動就發怒、煩躁、苦惱、憂鬱，這些心理與其他的壞習慣比起來，損害的生命力不知道要大多少倍！

一個精明謹慎的商人一定知道怎樣把每一分錢都花在最有效的地方。但有些人卻把自己昨天儲存的體力，今天就用個精光；昨天積蓄的腦力，今天就挖掘得一點不剩，常常這樣，還能夠成就什麼大事呢？

一個人如果不時時注意積蓄自己的體力與腦力，不時時注意保持強健的身體，無疑是把自己的成功資本扔掉了。即使他的志向再遠大，最後也將無能為力，無法實現自己的目標，只能後悔不已。

如果你有一些不良習慣，例如：過度敏感、暴躁易怒、稍有挫折就極度沮喪、略碰困難就煩惱異常、稍不如意就大發雷霆等等。你一定要提高警覺，成功的勁敵正在暗地裡向你發起猛烈的進攻，正在吸取你的精力，敗壞你的生命力。

當精神紊亂、頭腦不清、心神不定時，做任何工作都會感到無能為力。毫無規律地亂用大腦和心靈，最容易使身體與精神受到損傷，也最容易使你那部唯一能幫助你不斷進步、幫助你獲得成功的身體機器遭到毀壞。

有規律的生活是所有人達到成功的最得力助手，是每一個渴望在生活競技場上贏得勝利的人應該學習的。當然，你也不能例外，應該讓自己有足夠的睡眠、充分的運動和適量的飲食，要不然將會受到自然定律的嚴懲。

無論一部機器如何的精密，如果不善加保養，機器必將毀壞，使用壽命必然十分有限。人也是一樣，如果整天埋頭於工作，勞累過度，等到支持不住時才肯歇手，那麼他也可能會一蹶不振，再也無法恢復往日的健康了。

給身體機器加油的最好方法，就是適度的睡眠、定量的飲食和充分的運動，最好還能常常到郊外走走，這樣足以使所耗的精力及體力迅速得以恢復。如果只知工作不知保養，那一輩子也休想做出任何偉大的成功事業來。

當感到身心疲憊、生活乏味，遇到任何事情都提不起精神、引不起興趣時，就應該多睡一會，或者空出幾天時間，到郊外走走、旅行、爬山或游泳，這樣，無形中就會趕走那些憂愁苦悶的情緒，迅速恢復精神並使心情愉快舒適。

7

體力和精力是成功者的靠山

許多立志要成功但最後壯志難酬的人，往往就是因為不能戰勝一個最大的敵人，這個敵人就是他自己。

一個希望過著健康生活的人，一定要從自愛做起。也就是說，一個有志青年應該懂得，將來的一切成就都要靠健康的身體去爭取，對於身體這部唯一的機器，一定要小心翼翼地善加愛護。

有些人吃飯從不定時定量，也不在意要有好的睡眠或休息。等到身體、精神開始衰退，出現大毛病，才驚覺到──自己的頭髮怎麼白了？胃口怎麼不好了？年紀輕輕怎麼就衰老得這麼快？但卻不知道：使自己吃這些苦受這些麻煩的正是自己。

你可以有兩種方式的生活選擇：一種是過毫無規律的日子，拚命地要求自己，夜以繼日地工作，剝奪自己所應有的休息時間，而使自己病倒；另一種則是過有規律的健康生活，使自己有更好的身體，活得更有品質。

身體是一個人的無價之寶，千萬要好好地珍惜。有著強健的體魄，才能成為成就大事的最得力助手，才能成為推進事業的最大動力。

精力是一個人唯一的靠山，所以一定要好好地愛護它。世上許多自作聰明的人為了節省少許的錢，不肯多給自己增加一些必要的營養。過度地吝嗇金錢而毫不考慮到自己的身體，這實在是一種得不償失的做法，根本談不上「節儉」兩個字。一個真正懂得節儉的成功者，隨時隨地都會用心去設法增加自己的體力、保養自己的精力，使自己渾身充滿無限的力量。因為他知道，只有憑藉充沛的腦力、精力和體力，才能完成偉大的事業。

要養成良好的姿勢，只要下定決心就能做到。有許多人，坐的時候總是彎著腰，這是很多人的通病。他們整天把全身埋在椅子上或沙發裡，等到走路時，當然就不可能有良好的姿勢了。更糟的是，這種懶洋洋的姿勢還會鈍化思想及志向。

一個人的才能學識往往與身體的各個部分有很密切的關係，有時身體的某一部分出了毛病，就會使全身不舒服。同樣，一個人如果有坐立不安的習慣，性格也容易受到不良的影響，學識和才能也難以再進步。

一個人常常彎腰駝背，其消化力也不會太強。因為這種不良的姿勢很容易妨礙血液的循環，會減低心臟的活力，而且養成這種姿勢的人大都不能吃苦耐勞，稍一工作就渾身難受，就要伸懶腰來舒展筋骨。

如果有一個工程師只因為要省一點潤滑油，而任憑他的機器和發動機損壞了，你一定會嘲笑他是個傻瓜。可是，在我們的社會中到處有這樣的人，捨不得用舒適、休息、運動的油來潤滑自己那部寶貴的身體機器。舒適、休息、運動對於身體，正如潤滑油對於機器一樣的重要。

8 有效使用自己的精力

煤可以用來發電，但用煤發電時，一噸煤中有百分之九十九的能量是不能到達電燈的，都耗費在機械和電力運輸的損耗上，而真正發出光來的能量不過總能量的百分之一。

其中存在的巨大耗費，實足驚人，這也正是近代科學家急欲設法補救的一個大問題。

一個年輕人在剛剛跨入社會時，以為自己有著取之不盡、用之不竭的能源。他們相信能利用自己這巨大的精力儲備，做出驚人的事業來，也希望把一切精力完全變為促進成功的因素，他們為自己年輕感到自豪，以為能量不會有用盡的一天，所以並不知愛惜自己生命的能量。花天酒地、飲食無度、不檢點的生活、奢侈的習慣、工作的不認真等等都足以摧殘、減弱生命能量。直到最後，他才會大吃一驚，開始反思過去、開始質問自己：「我生命的能量所發出的光亮到底在哪裡？難道我的能力竟然不能發出什麼光亮來嗎？」

他們會驚訝地察覺到，原本有著充沛的精力，但竟然連照耀自己的光亮都發不出來，更不用說要照耀他人了。原來本可以促成成功的力量，就像用於發電的煤的能量一樣，已在半路上消耗盡了。

一個人在一夜之間將辛苦的積蓄浪費掉，固然可惜，但如果把精力消耗盡了，豈不是更可惜嗎？兩相比較起來，金錢的損失和精力的耗費孰輕孰重？哪樣更有價值呢？

我們都知道，金錢損失後，還有很多補救的方法；但精力一旦消耗就無法收回，而且隨著精力的消耗，往往還附帶著其他的損失，例如：可能敗壞人格，可能會在無形中埋沒一個人生命中最寶貴的東西。

有的人因為瑣碎的事情而消耗了精力。有的人則由於發怒、抱怨，吹毛求疵而消耗了精力。由於憤怒，有的人在這一方面消耗的精力，竟然要超過職業上所耗費的精力。

所以，常常發脾氣無異於開啟了生命能量的水閘，使你最寶貴的精力盡數流走，這是多麼可惜啊！

有的老闆經常對員工發脾氣、指責，有時吹毛求疵。這種做法不僅使他們自己喪失精力、喪失自尊，而且還會喪失員工對他們的好感與尊重。

有相當多的人把大量的精力消耗在無謂的顧慮、煩惱和不安上。他們在未做某件事之前，就會在心中反覆思慮那件事，不停地在考慮是好還是壞，所以等到真要做那件事時，往往已沒有多少精力了。

凡是一切足以消耗生命能量和精力的活動，都應當設法排除。如果你發現自己遭到不幸或錯誤，那麼應當設法及時補救和挽回。但在竭盡全力後，即應該將那件事拋在腦後，不要再多加考慮，千萬不要讓過去的不幸與錯誤再來絆住前進的腳步。永遠不要允許過去的不幸及應該遺忘的事物，再來攪亂你的心境，更不要讓這些東西來消耗你的「生命資本」。

凡足以損傷精力、減弱生命能量的事情都不應該去做。要常常這樣問自己：「在我所做的這件事情中，對我的事業、我的人生，是否有所裨益？能否使我成為更有效率、精力更充沛的人呢？」要想在世界上建立功績、出人頭地，必須先要摒棄一切足以浪費生命能量、空耗活力的東西。

9 不願儲蓄者的悲劇

有許多人經常向我誇耀說，他們每個月可以賺很多錢，但拿到之後總是花個精光，從來不願存上一分錢。染上了這種習慣的年輕人將來到了晚年，一定不會剩下多少錢，晚年的景象可能會很淒涼！

許多人往往把他們本來應該用於發展事業的必備資本，用在香煙、酒、跳舞等等無聊的地方。如果能把這些不必要的花費節省下來，時間一久一定大為可觀，可以為將來發展事業奠定一個資金上的基礎。

不少青年一踏入社會就花錢如流水一般，胡亂揮霍，似乎不知道金錢對他們將來事業上的價值。當他與女友約會時，買些價格昂貴的鮮花，或各種禮物，卻從來不曾想到，要這樣費盡心思、花費錢財追來的老婆，將來絕不會幫他積蓄錢財，且必定是花錢如流水、揮金如土。

這樣的年輕人一旦用錢把場面撐起來後，一切煩惱苦悶的事情就會接踵而至。為了顧全面子，他們就再也不能過節儉的日子了。有些人入不敷出後，就開始動歪腦筋，挪用公款來彌補自己的財政缺口。久而久之，花費越大虧空也就越多，慢慢就陷入了罪惡的深淵，難以自拔。到了這時候，他才想到自己不該亂花費，不該挪用公款，可是為時已晚！為了滿足這種喜歡擺場面的惡習，不知有多少人因此丟了工作，甚至坐牢。

當然，節儉不等同於吝嗇。然而，即使是一個生性吝嗇的人，他的前途也仍然大有希望，但如果是一個揮金如土、毫不珍惜金錢的人，他們的一生可能將因此而斷送。

有一些人年輕時從來不存錢，到了中年以後仍然是一文不剩。萬一丟了工作，又沒有朋友幫他，那麼只好徘徊在街頭，無所著落。

我從來未見過揮金如土的青年人最後也能成就大業。揮霍無度的惡習剛好顯示出一個人沒有大的抱負，沒有希望，甚至就是在自投失敗的羅網，這樣的人平時對於錢的出人收支從來漫不經心、不以為然，從來不曾想到要積蓄金錢。如果要成功，任何青年人都要牢記一點，對於金錢的收支要養成一種有節制、有計劃的良好習慣。

無論收入多少，總要量入為出，能節省的地方就要儘量節省。任何人都可以根據自己的收入來決定自己的生活支出，這是一條人類生活的規律。通常，人們總有辦法使自己的支出少於自己的收人。

人們最大的花費倒並不是在維持簡單的生活上，其實大半都消耗在一些毫無意義的項目上，例如：吸煙、飲酒、花天酒地、賭博等等，這些都是一般年輕人負債累累的原因。這些惡習的結果，就是弄得身無分文，到了最後，即使出賣肉體和靈魂也還不清債務。

很多年輕人因為揮霍無度的惡習，竟然把自己的前途都賠上了。他們打扮成貴族紳士的模樣，而且要跟著流行的腳步。整天花心思要買什麼，隨後就有了這樣的念頭，怎樣用非法手段去儘快地弄些錢來。結果不但債台高築，而且往往會丟掉好的職位。於是原本更有意義的生活—似錦的前程、快樂的享受和高尚的理想，一切都像落日黃花般，悄悄逝去。

請牢記這句話：「**將來的歡樂和困苦，都取決於撒下的種子。**」等將來走進你的倉庫，看見的是滿倉的糧食還是無用的雜草，是光榮的成功還是淒慘的失敗—都必須看你現在怎麼做。

10 財富與自我克制

一個人若想獲得財富，首先要善於克制自己的慾望。通常，人們習慣把吝嗇看成節儉的孿生兄弟，這其實是一個很大的錯誤。實際上，節儉的真正含義是，當用則用，當省則省；也就是說，花費要恰到好處。但吝嗇的含義卻不同，它是指當用的不用，不當省的也要省。

英國著名文學家羅斯金說：「通常人們認為，節儉這兩個字的含義應該是『省錢的方法』；其實不對，節儉應該解釋為『用錢的方法』。也就是說，我們應該怎樣去購置必要的物品，怎樣把錢花在最恰當的用途上；怎樣安排在衣、食、住、行以及生育和娛樂等等方面的花費，總而言之，我們應該把錢用得最為恰當、最為有效，這才是真正的節儉。」

托馬斯．利普頓爵士說：「有許多人向我請教成功的訣竅，我告訴他們，最重要的就是節儉。成功者大都有儲蓄的好習慣，任何好朋友對他的援助、鼓勵，都比不上一本薄薄的小存摺。唯有儲蓄，才是一個人成功的基礎，才具有使人自立的力量。儲蓄能夠使一個人站穩腳步，能使他鼓起巨大的勇氣，振作全副的精神，使出全部的力量，達到成功的目標。

許多人只因為用錢沒有計劃性，所以在不知不覺中使大量的錢財從指縫裡流走了。如果一個人能養成記帳的良好習慣，能把每一筆花費都記入帳簿，能夠仔細核算好好籌劃，這樣，對於未來的事業發展，一定有很大的幫助。這樣不但學會了記帳的方法，還可以熟悉金錢往來的各個明細，從而獲得寶貴的經驗，這本帳簿最好能隨身攜帶，以便隨時記錄。這樣持之以恆地做，對改正揮霍無度的惡習一定很有幫助。帳簿能清清楚楚地到告訴你，過去的錢都用到哪裡去了，什麼地方是完全可以節省的，什麼地方是一定要用的。

節儉的唯一有效方法就是把所有的錢全部存入銀行。富蘭克林這樣說：「致富的唯一方法就是賺得多花得少。」他還說：「如果你不想因有人討債而氣惱，想不受飢餓和寒冷的痛苦，那麼你最好與忠、信、勤、苦四個字交朋友。同時，不要讓你賺到的任何一分錢從手中輕易地流走。」

以前有一個年輕人到印刷廠裡學技術，其實他的家庭經濟狀況很好，他父親要求他每晚住在自己家裡，但要他每月支付家裡一筆住宿費。一開始，那個年輕人覺得這樣太苛刻了，因為他當時每個月的收人，就剛好夠支付這筆住宿費。但是，幾年之後當這個年輕人自己準備開設印刷廠時，他的父親把那年輕人叫到面前，對他說：「好孩子，現在你可以把每年陸續付給家裡的住宿費拿去了。我這樣做的目的，是為了能夠讓你積蓄這筆錢，並非真的向你要住宿費，現在你可以拿這筆錢去發展你的事業了。」那年輕人到此才明白父親的一番苦心，對父親的賢明感謝不盡。如今，那青年已經成為美國一家著名印刷廠的老闆，而他當年的同伴們卻因自小揮霍無度，如今仍然窮苦不堪。

以上所述是一個富有教育意義的真實故事。它給你的啟示是：唯有養成儲蓄的習慣，將來才有希望享受到成功與財富。

你必須明白一個道理，節儉其實是一件既簡單又易行的事，誰都可以立刻去實行。你願意處在窮困的境地嗎？你願意讓債主常常來逼你還錢嗎？你願意因為負債而坐牢吃苦嗎？你願意一生屈居人下不得翻身嗎？你當然不願意，那麼就一定要養成這個簡單易行的節儉習慣。

一部著名小說裡有一段話說得很有意思：「寧願因飢餓而倒地，也不要去借錢！」是啊，暫時忍受一下飢餓、寒冷和貧困，犧牲暫時的快樂與幸福，又有什麼關係！千萬不能為了圖一時的享受，便拋棄了光明的前途，把廉恥踩在腳下，使信用喪失殆盡、志氣消磨、名譽敗壞、人格斷送，這會使你的生命像駛入漫無邊際海洋的一葉孤舟—失去方向。

俗話說得好：「節儉是你一世受用不盡的財富。」反之，一個負債累累、愁容滿面的人，是無權享受這一巨額財富的。

11 脫離貧窮處境的秘訣

世間大部分的貧窮都是一種病態，是千百年不良思想、不良生活、不良環境的結果，我們知道，貧困的境遇是一種反常的狀態，是絕不受任何人歡迎的。許多事實證明，世上一切產業，只要人們勇敢及堅持去做，都會獲得成功，那貧困的環境就可以打破。

就事實而論，世間大部分的貧困都是因懶惰、奢侈、浪費、不願努力、不肯奮鬥造成的。而且懶惰往往與浪費攜手同行，懶惰的人常常也浪費，浪費的人一定懶惰。

但人類有著幾種堅強的品格，是和貧困勢不兩立的，那就是自信和勇敢。有許多人雖處貧困，雖遭患難和不幸，但因為他們有著自信和勇敢的性格，所以能夠脫離貧困。如果一個人缺乏勇敢和自信的卓越性格，而只是過著一種懶惰、畏縮的生活，那麼就永遠不能戰勝貧困，奮發有為。

如果一個人意志堅定，要永遠地擺脫貧困，要從服裝、面容、態度等生活的各方面拭去貧困的痕跡，要表現自己的卓越性格，要勇往直前地去爭取「富裕」與「成功」，那麼世界上應該沒有一件事情能夠動搖決心。這樣，自然會增強自信，使你發揮潛在的力量，最終擺脫貧困，獲得驚人的成就。如果一個人安於貧困，不想努力掙脫貧困，那麼在身體中潛伏的力量就會失去效能，他的一生便永遠不能脫離貧困的處境。

還有一些人，缺乏脫離貧困的自信，並把貧困視為自己的命運，那麼就沒有希望，除非他們能恢復已失去的自信，並擺脫甘受命運支配的思想。

貧窮本身並不可怕，可怕的是貧窮的思想，以及認為自己命中要註定貧窮、必老死於貧窮的錯誤觀念。一旦處於貧窮的境地，就認為自己注定貧困，這實在是個絕大的謬誤。

如果你覺得目前自己前途無望，覺得周圍黯淡無光，那麼你應立即轉過身走向另一面，朝著希望和期待的陽光前進，將黑暗的陰影盡數拋棄。要迅速斬除一切貧困的思想、懷疑的思想、忘卻腦海中憂鬱的印象，而代之以光明的，有希望的印象。在偉大的世界裡，造物主為每個人準備了美滿的結局，我們應該下定決心，集中精力，努力爭取。

12 準確的判斷力

目前，社會上最受歡迎的人是那些有巨大創造力與非凡經營能力的人。有些人只知道按部就班地聽從人家的吩咐，做一些已經計劃妥當的事情，而且凡事都要有人詳細的指示。唯有那些有主張、有獨創性、肯研究問題，善經營管理的人才是人類的希望，也正是這種人，成為人類的開路先鋒，促進人類的進步。

一個有迅速判斷力的人，發展機會要比猶豫不決、模稜兩可的人多得多。所以，應儘快拋棄那種遲疑不決，左思右量的不良習慣，這種不良的習慣會使你喪失一切原有的主張，會無謂地消耗你的所有精力。

這也是年輕人最容易染上的習慣，遇到事情時，明明已經詳細計劃好了，考慮過了，也已經確定了，但有些人仍然畏縮不前，瞻前顧後而不敢採取行動，還要重新從頭考慮，還要去徵求別人的意見，反反覆覆下不了決定。最後，自己對自己就越來越沒有信心，不敢做決定。後果就是——人的精力逐漸耗散，最後陷入失敗的境地。

一個希望成功的人，一定要有堅決的意志，不可染上優柔寡斷、遲疑不決的惡習。在工作之前，必須要確信自己已經打定主意，即使遇到任何困難與阻力，即使發生一些錯誤，也不可有懷疑的念頭準備放棄。我們處理事情時，事先應該仔細地分析思考，對事情本身和環境下一個正確的判斷，然後再做出決定；而一旦決定做出之後，就不能再對事情和決策產生懷疑和顧慮，也不要管別人說三道四，只要全力以赴地去做就可以了。做事的過程中難免會發現一些錯誤，但不能因此而心灰意冷，應該把困難當教訓、把挫折當經驗，要自信以後會更順利，而成功的希望也就更大。在做好決定後，還心存疑慮、還要反覆猜疑的人，無異於把自己推入深深的沼澤中，在痛苦和懊惱中結束一生。

有些人無法成功，並不是缺乏創立一番事業的能力，而是因為他們的判斷力太差了。他們沒有自主的能力，非得依賴他人，這些人即使遇到一點微不足道的事情，也要詢問親朋好友的意見，而自己的腦海裡只是胡思亂想，儘管時刻牽掛但並無主見。於是，越和人商量，越不能拿定主意，越是遲疑不決，結果就弄得不知所終。

缺乏判斷力的人往往很難下決定，即使決定了，最後也會後悔。他們一生中大部分的精力和時間，都消耗在猶豫和遲疑當中，這種人即使有其他獲致成功的條件，也不容易真正獲得成功。

大凡成功者須當機立斷，把握時機。一旦對事情考察清楚，並制定了周密計劃後，就不再猶豫、不再懷疑，而能勇敢果斷地立刻去做。因此，他們對任何事情往往都能做到駕輕就熟，馬到成功。

造船廠裡有一種力量強大的機器，能把一些破爛的鋼鐵毫不費力地壓成堅固的鋼板；而善於做事的人就與這部機器一般，他們做事異常敏捷，只要決心去做，任何複雜困難的問題都會迎刃而解。

一個人如果目標明確、胸有成竹、有自信，那麼他絕不會把自己的計劃拿來與別人反覆商議，除非遇到了在見識、能力等各方面都高過他的人。在決策之前，他會前前後後地仔細研究，然後制定計劃，採取行動；這就像前線作戰的將軍首先必須仔細研究地形、戰略，之後才能擬定作戰方案，隨後再開始進攻。

一個頭腦清晰、判斷力強的人，一定會有自己堅定的主張，絕不會迷迷糊糊，更不會投機取巧，也不會處於徘徊當中，或是一遇挫折便賭氣退出，使自己前功盡棄。

英國當代著名軍人基欽納就是一個很好的例子。這位沉默寡言、態度嚴肅的軍人勇猛如獅、出師必勝，他一旦制定好計劃，確定了作戰方案，就會集中心思運用他那驚人的才能，鎮定指揮，不會再三心二意地與人討論，向人諮詢。在著名的南非之戰中，基欽納率領他的駐軍出發時，除了參謀長外誰也不知道目的地。他只下令，要預備一輛火車，一隊衛士及一批士兵。此外，基欽納不動聲色，更沒有拍電報通知沿線各地。那麼，他究竟要去哪裡呢？士兵們也不知道，戰爭開始後，有一天早晨六點鐘，他忽然神秘地出現在卡波城的一家旅館裡，他打開這家旅館的旅客名單，發現幾個本該在值夜班的軍官的名字。他走進那些違反軍紀的軍官的房間，一言不發地遞給他們一張紙條，上面簽署了自己的命令：「今天上午十點，專車赴前線；下午四點，乘船返回倫敦。」基欽納不聽軍官們的解釋和辯白，更不聽他們的求饒，只用這樣一張小紙條，就給所有的軍官下了一個警告的作用。

基欽納將軍有無比堅定的意志和異常鎮靜的態度，但他深知自己在戰時所負有的重大使命。因此，他為人處世嚴謹而端正，公正無私，指揮部下時也從不偏袒，做任何事情非至成功絕不罷手。從這些地方，就可以看出基欽納將軍的偉大魄力和遠大抱負。

基欽納將軍並不看重他人的頌揚，更不接受部下的阿諛奉承。他從不狂妄自大，在他看來，傲人處世應該摒棄名利之心。基欽納將軍做任何事向來胸有成竹，凡事都能冷靜而有計劃，這樣就能事事馬到成功。

這位馳騁沙場、百戰百勝的名將待人卻很誠懇親切，非常自信，做起事來專心一致，富有創見，也極富判斷力，為人機警，反應敏捷，每遇到機會都能牢牢把握充分利用。他真是一個成功者的最好典範！

13 學習的力量

人在各方面能力的發展都符合一個道理：「不進則退」。一個商人，他在工作上所受的鍛鍊往往是多方面的，所以他們具有豐富的常識和很好的辦事能力，這一點就不是那些專門的技術人員所能比擬的。慶幸的是，現在大多數畢業生都喜歡投入商場，雖然存在專業偏差的問題，但卻願意接受在工作中不斷地磨練。

在一個世紀前，經商是被人瞧不起的工作。但時至今日，隨著人類文明的進步，各國商業都有了突飛猛進的發展，如今商業地位的重要堪稱三百六十行的首行。

要從事商業，要在商場中成功，那些學識淵博、經驗豐富的人遠比庸庸碌碌、不學無術的人機率更大。當然，在開始經商之前，所做的準備越充分越好，具有的經驗也越多越好。一個剛踏入社會的年輕人隨著自己地位逐漸升遷，一定有很多的機會從各力面學習。假如能抓住這些不可多得的機會，那麼成功只是早晚的事。有位商界的傑出人物這樣說：「我所有的職員都是從最基層做起的，然後才不斷晉升。俗話說：『對工作有利，就是對自己有利。』任何人在開始工作時如果能記住這句話，前途必定無可限量。凡能通過我們的考試，並為公司所錄用的人，工作後只要自己肯努力，都可以晉升到很不錯的位置。」

一個熟悉商業、經驗豐富的人，在商界必有立足之地。企業家們最渴求的就是那些肯刻苦、反應敏捷、頭腦清晰、意志堅定的人，因為這種人辦起事來，總是設法追求完美、迅速、成功。

一個初出茅廬的青年要隨時隨地的研究，要注意商業的竅門，而且一定要研究得十分透徹。在這方面，千萬不能疏忽大意、不求甚解。有些事情可能看來微不足道，但也要仔細觀察，有些事情雖然有困難險阻，但也要努力去探究清楚。如能做到這一點，則事業發展路途中的一切障礙，都可以一掃而盡。

我們經常可以看到許多人，做起事來總是避繁就簡，對做事過程中的麻煩、困難、乏味的部分採取避而遠之的態度。這好比要佔領敵軍陣地的士兵，不願花功夫去破壞敵人的砲台堡壘，結果必定被敵人的砲火打得難以安身。所以，一個未來的成功者、勝利者一定會設法解決困難，不畏艱難、勇往直前。

有一句格言說：「只因準備不足，終至失敗。」這句話可以寫在無數可憐的失敗者的墓碑上。有些人雖然肯努力、肯犧牲，但由於他們事先準備不足，因此做起事來大費周章，以致一生達不到目的地，實現不了成功的夢想。

在很多職業仲介機構的名錄裡，登記著無數健壯、受過教育的失業者的名字。其中部分的人都是因為自己沒有進一步發展的能力，而駐足不前，被人超越，最後丟了原有的飯碗。這些人本來就沒有深厚的根基，後來又沒有下決心去累積經驗、學習才能，遇到工作也是馬馬虎虎、敷衍了事。試問，有誰願意與這種人合作呢？他能做好哪一件事呢？

西班牙有一句俗話說：「一個心不在焉的人就算是穿過整個森林也不會看到一棵樹的。」這個比喻說得十分的貼切。很多人對於手上的工作或眼前的事物，往往心不在焉；與好學善思的人相比，那些不求上進的人要差上十萬八千里。有些人在一家商店裡已經工作多年，對於經商零售仍然一竅不通，原因在於做事時心不在焉、敷衍了事，也從不思考，從不留心所經手的事務。但那些精明能幹，善於思考的人只要兩三個月的工作經驗，就會精通商店裡各種事務。

我的一位朋友最初在一個律師事務所任職三年，雖然沒有獲得晉升，但在這三年中，把律師事務所中的一切工作都學會了，同時拿到了一個業餘法律進修學院的畢業證書。但我還有不少在律師事務所裡工作的朋友，如果以時間論他們的資格已經夠老了，可是他們卻收穫甚微，仍然擔任平庸的職位，賺著低微的薪水。兩相比較，同樣是年輕人，前者就是因為立志堅定、注意觀察、仔細謹慎，並能利用業餘的機會加以深造，終於獲得成功；但後者卻剛好相反，所以，很難有出頭的一天。

我曾經聘用過一位年輕人，他有很多優點，例如：為人忠厚，充滿熱忱，也能恪守工作時間從不偷懶，但他反應太遲鈍，也從來不學習掌握新的經驗、新的創意、新的思想。他只知工作不知學習，所以只能做最基本的工作，未能獲得升遷。

另外，我也聘用過其他的年輕人，有幾個人時時注意身旁的事務，隨時隨地專心學習，處處在意累積經驗，他們能把自己的工作、自己的機構當做一所不斷學習的學校。由於他們願意努力鑽研、刻苦磨練，因此進步神速，成績斐然。

一個前途光明的年輕人隨時隨地都會注意磨練自己的工作能力，任何事情都想做得高人一等；對於一切接觸到的事物也都能細心觀察、留意研究，對重要的東西一定弄得一清二楚才肯罷休。也隨時隨地能把握機會學習與研究，並看重與自己前途有關的學習機會，在他看來，累積知識要遠勝於累積金錢。

他隨時隨地都注意學習做事的方法和待人接物的技巧。有些極小的事情，他也認為有學習的必要；對於任何做事的方法都會詳細考察，探求其中獲得成功的訣竅。如果把所有都學會了，所獲得的內在財富遠比那有限的薪水高出無數倍。而他的工作興趣也完全在於學習知識、累積經驗與磨練能力。

有些才識過人的青年習慣利用晚上的空閒時間，來研究白天的所見所聞、白天所思考的工作方法和各種技巧。經過這一番思考、分析、整合，從中得到的益處要比白天工作所獲的薪水高出數倍。這些人都很明白，由工作所累積的學識正是將來成功的基礎，是一生最有價值的財富。

我們常常都聽到有人抱怨薪水太低、運氣不好、懷才不遇，但他們不知道——自己其實正身處一所可以求得知識、累積經驗的大學校裡。而日後一切可能的成功，都要看自己今日學習的態度和效率。

14 從事合乎道義的職業

許多人不願把自己的職業告訴別人，似乎很為自己的職業感到羞愧。

前不久，我遇見一位青年，我問他是做什麼的？他很勉強地告訴我，他是一個娛樂場所的主人。我問他做這一行多久了，他說將近六年了，但他說他恨那個職業，它會降低一個人的地位，不過錢倒是賺得不少。他說，如果有了相當的積蓄就準備脫離那個行業，做別的事業。毫無疑問，這青年是在欺騙自己。

一個年輕有為的青年人本來應該從事適合自己的職業，實際上卻不得不屈節降身，從事著違反著自己良心和意願的職業，從事著一種會貶損人格、降低理想的職業，從事著一種與真、善相背的職業，實在是天下最為可悲的事！凡是做不正當職業的人，不但不會獲得發展，反而會使自己身心疲乏。

有許多人往往為自己找種種藉口，來安慰自己，以繼續做著於心不安的職業，來壓制自己內心的反抗。他們往往對他人說，這種職業獲利頗豐，暫時再做幾年，等到將來有了相當的積蓄，再去做別的正當職業，但這種藉口不啻於是麻醉良心的安眠藥！

凡是一種不正當的行為，一旦長期從事，就會使你視之當然。而且由於習慣的原因，人會在不知不覺中做某種職業的奴隸，而無法再顧及意志的反抗。人的一切行動終將由於習慣的束縛而不能自主。

如果你明知道自己所做的事情是不正當的，那麼應當立即停止，立即與這種職業斷絕關係。如果你的判斷處於懷疑狀態，不能確定那個職業究竟是好是壞，那麼寧可放棄，也不要拖延。

寧願不得溫飽，也不要去做有損人格的事情。寧願做那些挖溝、挑擔、剷煤的工作，也不要去做那犧牲自尊、有損人格、斷送道義的職業。

社會上有許多職業正等待人們去選擇，具有任何一種才能的人都有某個職位等待著他。那麼，何必一定要依戀那種有辱自己的人格、浪費自己才能的工作呢？

在求職時，不應該完全以薪水的多少、名利的厚薄為標準，更要選擇那些足以發展自己才能、保持自己人格的職業。人格比財富更偉大，比美名更崇高！

無論如何，都不要接受欺騙得來的錢財，不受有虧人格的回報，不做損人利己的事情，這就是所謂的人格。總之，無論從事任何職業，都要把利己而又利人作為唯一的標準。

15

心靈之友與心靈之敵

我們的感受會隨自己思想的改變而變化，時而十分愉悅，時而倍感恐懼。寧願讓盜賊進入你的屋內，竊去最有價值的珍寶，劫奪金銀財物，也絕不可允許心靈上的敵人——混亂的、軟弱的、恐懼的和嫉妒的思想，進入你的腦海，竊去心中的恬靜，盜走心中的快樂與幸福。

主宰人們思想的是心靈。那心靈上的意象，深深地刻畫在一個人的生命裡，刻畫在每個人的品格上。人的生活，實際上也就是不斷地將心靈上的意象變為現實而已。

生命中的成就大小，大半都要看我們能否保持身心的和諧，能否驅逐種種足以破壞心境，減低效率的精神仇敵。

當然，各種不同的思想，會產生各種不同的影響。但我們都知道，一切樂觀、積極、愉悅的思想，會使人健康、使人年輕、使人興奮，好似一股歡樂的電流走遍我們的全身，能給我們整個身體帶來新鮮的希望、更大的勇氣和細膩的生活品味。

每個人的世界都是自己造成的。一個人若是使自己的思想裡充滿了困難、恐懼、懷疑、絕望、憂慮，那麼他的整個生活就難以走出悲愁、痛苦的境地。但他若能抱持著樂觀的態度，那麼就可使蒙蔽心靈的種種陰霾煙消雲散。

凡是能夠保持正確思想的人，一定懂得用希望來代替絕望，用堅韌來代替膽怯，用決心來代替猶豫，用樂觀來代替悲觀。一個人如果能在內心中充滿了良好積極的思想、樂觀愉悅的精神，那麼他一定能肅清一切心靈上的敵人，這樣的話，就要比那些沮喪、失望、猶豫的人們有利的多！在任何情形之下，你都不要讓病態的思想、不和諧的思想侵入你的心靈。

如果人人都能像小孩般，沒有一點心靈上的創傷和裂痕，始終保持著天真、快樂的思想，而將一切破壞性的、腐蝕性的思想拒之門外，那麼我們生命中不必要的損害與消耗，就能減少許多。事實證明，在數小時中因憂慮悲傷所消耗的精力，要遠超過做幾個星期苦工所耗的精力！

有些思想在人的心靈中是勢不兩立的，例如：樂觀會驅逐悲觀，希望會驅逐失望，快樂會驅逐沮喪。如果心中充滿了愛的陽光，那麼一切仇恨妒忌的思想自然會煙消雲散，因為這許多陰暗的思想，並不能存在於愛的陽光裡。

不要讓思想的仇敵侵入自己的心靈，你要這樣對自己說：「每一個仇恨、兇暴、沮喪、自私的思想進入我的心靈，都會奪去我的快樂，減弱我的才能，阻礙我的前程。我必須立刻用相反的思想去驅逐它們。」

如果心靈中充滿了善良的、誠實的與和諧的思想，那麼一切不良的思想自然就會消失。因為在同一時刻，不會有兩種勢不兩立的思想並存於一個人的心靈之中。我們要知道，正確的思想與錯誤的思想，和諧的思想與不和諧的思想，善的思想與惡的思想，都是勢不兩立、互相牽制的。

愛人、助人、仁慈和善良的思想，足以激發我們生命中最高尚的情感與情操，能給我們帶來健康和諧與力量，使我們與大自然達到協調一致。

孩提時代，我們赤腳在鄉間行走時，都會小心翼翼地避免踏在尖銳的石子上，以免使自己的腳底受傷，然而長大成人後，我們為什麼竟然不懂得去防止那仇恨、妒忌、自私的思想來侵害我們的心靈呢？我們要盡全力驅除那些心靈上的敵人，而去歡迎心靈上的朋友。

16 休假是一種投資

與其花錢去看醫生，不如到鄉間去找健康，聰明的人，把「運動」當作「治療」，自然界的治療能力遠超過一切的人為。

看看那些終年勞碌的商人，一年四季都在工作，他們的面容是多麼憔悴。而那些絞盡腦汁的作家，他們連續幾個月不停地用腦工作，到了後來，他們的筆都寫禿了，他們的肉體與精神機器也運轉不靈了，而思想也就變得遲鈍了。那些業務繁忙的律師和醫生也顯得疲憊不堪，儘管他們仍然在勉強支撐，但心中卻在吶喊著要適當的休息。

又有一些家庭主婦們，終日困在家中，為家務操勞，為煩瑣的事而困倦，顯然，她們也需要到大自然中紓解一下。一些臉色蒼白的學生終日讀書，時間一久必定彎腰駝背，好似枯萎的花草。上述各行各業的勞碌者，在每一個城市中都有，他們都需要田野、森林來豐富他們的生活。

聰明的人會盡力爭取或換取一個休息的假期。他們休息過後，帶著清醒的頭腦、強健的體魄、飽滿的精神和新的希望面對工作，不再感覺疲勞和厭倦，而是充滿了愉悅和快樂。

花些時間，使你重新獲得大量的精力和體力，重獲應付各種問題的更大力量，使你對生命、對工作、對事業有一個愉快的感覺，難道不好嗎？世上還有哪種投資比一年一度的休假更要來得划算呢？

如果一個人在一年當中不能為自己安排一個假期，那麼他一定有些反常。或是因為職務低微，能力不足以應付業務，工作缺乏了條理和秩序。當然，如果他做事沒有條理，缺乏系統性，那麼暫時離開必然會影響到工作，這樣的話，假期對他反而是弊大於利。但如果他是個具有管理才能的人，那麼幾天的假期對他必定是大有幫助的。

一年一度的休假是最有價值的投資。人們能從休假中獲得更大的益處，更多的生命資本，至於對精神上的愉悅和身體上健康的好處，那就更不用說了。

對於品格的培養來說，休假也是有極大的價值的。俗語說得好：「在患病時，任何人都是惡人。」即使是最善良的人，在身體患病、精神衰弱之時，也會變得蠻橫無理。人在腦筋疲勞以後需要休息。如果那時還得不到休息，就容易因瑣碎的事情而憤怒，就會變得思想遲鈍、雙目無光、腳步無力。

無論是學生、商人，還是企業界的其他人士，有了上述的病症後應該立即停止工作。如果此時還不加以注意，就會遭受到更大的痛苦，甚至影響其一生的前途。

17

懦弱與果敢

年輕人應該有血氣和膽量，面對任何艱險危難的事都要有堅強的信心，要勇往直前。自信心是人生十分珍貴的東西，只有信得過自己的人，別人才會把責任放心地託付到他的身上。但是，那些遇事害羞、缺乏膽識的人往往沒有自信心與判斷力；他們對於任何事情永遠沒有主意，處理任何事情也總是聽憑人言不敢做主，不敢斷然決定。

那些意志堅定、敢作敢當的人永遠具有十足的自信心。遇到任何難以應付的局面，都能沉著應對，而不至於驚慌失措。由於他們信得過自己，所以別人也信得過他們，別人都知道他們勇往直前的性格，知道他們無需求助於人。

大凡各行各業、古代現代的成功者，無不有著極大的勇氣，他們敢冒風險敢與一切艱難困苦對抗，由於具有堅強的自信心，敢於去做領袖、做先驅。

凡是嚮往成功的人不但要做到意志堅定，還要迅速把握機會，鼓起勇氣立即行動。那些不相信自己、不敢把握機會的人，是永無出頭之日。

如果一個年輕人生性膽怯、缺乏自信、遇事猶豫不決、故步自封、沒有判斷力、毫無冒險精神，那麼他的一生一定會在死氣沉沉，毫無成功希望可言的日子裡度過。

愛默生這樣說：「上帝賦予任何人能力，使他們可以成就大業，絕無偏差。」

但是，在這樣一個競爭激烈的時代，有無數才能卓越的人在一般的公司裡做著普通平凡的工作，逐漸喪失了他們做大事、成大業的能力。其實，每個人都應該前程似錦，如果盡到了對自己的人生職責，那就絕不會使自己的非凡個性埋沒在「得過且過」的日子裡。要能夠自謀發展之路，必須從教育、職業、環境等等不利條件中奮力掙扎出來，超越出來，用自己非凡的天賦特性去開發光明的大好前途！

有些人常常一遇困難，就向後退縮，只能跟在別人後面，亦步亦趨，人云亦云。但實際上，上帝賦予每個人的才能是不相上下的，別人能成就大事，你也能；人家能建立功業，你其實也可以。

如果上帝賦予你一種非凡的潛能，而你自己卻不知開發利用，硬要一味模仿別人，這樣，不僅對你毫無益處，反而有極大的不利與危險。

即使你生來只有做鞋匠的天賦，也應該努力去做一個世上首屈一指的製鞋大王。你要充分開發自己的潛能、智力、獨創能力，使你的這些寶貴能量集中在最適合自己的一點上，千萬不要盲目地追隨別人。

一個真正能成大事的人，做任何事都懷抱希望和信心，決心要闖出一片天。他那堅定的目光緊盯著「成功」兩個字，絕不會跟著人家後面亦步亦趨。只要決定了的事情，就絕不會再膽前顧後、猶豫不決。一切方案和計劃，都由自己來決定；一切艱難和困苦，都由自己來承擔；一切阻遏和障礙，都由自己來排除。他從不抱怨命運，從不向人訴苦，從不推辭任何的責任和義務，永遠敢於承擔一切的後果，這樣的人可能不成功嗎？

上帝賦予所有的人能力，希望他的子民能成為勇敢的人。如果永遠猶豫遲疑、瞻前顧後的，就永遠無法達到人生的目的——成功！

生氣勃勃、精力充沛的人，才能成功。一個有著偉大魄力的人，他的眼睛、他的氣魄、他的胸懷，無不滿藏威力，雄視一切，這樣的人要成功，真是易如反掌。

要做自己的主人！要做一個造時勢的英雄！我們絕對不要在任何的環境束縛下生活，要鼓起勇氣，下定決心，與阻礙我們成功、驅逐我們快樂的所有窮困、頹廢和懦弱決一死戰！

很多人心存這樣的想法，人人都在命運之神的掌握之中。所以，就不再振作自己的精神，而只等好運的降臨。這真是一個可怕的念頭，對人的一切天賦、智能、品格禍害最大的莫過於此。

如果一個人做事有計劃條理、肯負責任、滿腔熱血、做起事來不惜代價必至成功，那麼這樣的人在世上到處都有他發展的空間，任何人、任何東西都可能成為他成功道路上的助推器。要鼓起勇氣、拿出力量、採取行動，常常要提醒自己：「我要完成它。」以這種態度去做事，沒有不成功的道理。

要提升自己的人格，發展自己的個性，最重要的是立即採取行動，去做你所想做的事情，同時要決心改正自己的錯誤。也許你沒有勇氣、沒有耐力、缺乏魄力、缺乏決斷力，那麼，就應竭盡磨練修養相對的品質。應該確信，上帝賦予你一種神奇的力量，使你完全能夠改正這些錯誤，而且要確信改正這些錯誤也是你生命中必要的使命。

美國偉人之一格蘭特先生就有這樣的良好習慣，做任何事情從不自暴自棄，他總是相信必定會成功。所以，每遇大難臨頭，還能當機立斷，在他身上絕對看不到猶豫不決、優柔寡斷。如果你能學到美國歷代偉人例如：林肯、華盛頓、格蘭特等人身上的果斷勇敢，那麼前途必定無可限量。一個勇往直前、領導群英的人必定到處都受歡迎。在這種人的字典裡，找不到一個「怕」字，對任何事他只知道勇往直前，無所畏懼，永不退縮。

到了危急關頭便退縮不前、精神萎靡的人，一定會闖下大禍，陷於失敗的境地。相反，如果你的意志毫不動搖，信念堅定，結果必定成功。若意志一動搖，無異給敵人提供了一個反擊的機會。

那些懦弱無能、優柔寡斷的人，自信心也一定很低，如果同時他們的根基再發生動搖，那麼就毫無成功的希望。所以，一定要振作起來，一定要拿出勇氣和判斷力！

18 早年播下的成功種子

要做一番大的事業，首先必須要有一筆資本，那麼你的資本在哪裡呢？它就在你自己身上——只要你能以努力的態度、負責的精神，持續不斷地去做有利於社會的事。

蓋房屋必先繪製圖，修築道路也不能把築路的材料隨地亂鋪，雕刻也絕不是在石頭上隨便亂刻就能成功。同樣道理，做任何事情都得先有計劃與準備，想要避繁就簡成就事業，或者想不付出辛勞而獲建奇功，這樣的事情在古今歷史上都從未有過。

自古以來，世界上很少有這樣的例子：年輕時沒有打好根基的人，到了後來竟能做成大的事業。一般獲得成功的偉大人物之所以在晚年能夠收穫一生的美滿果實，大多是因為他們在年輕時就播下了成功的種子。

許多青年養成了急功近利的心態，這是非常不利的。其實，我們對任何事都不應急於求成、不應心存奢望，而應該先在自己的大腦中一點點地儲備學問與經驗，以此作為將來成功的資本。要知道，今天社會上所需要的乃是受過良好教育、品格可靠、訓練有素的人。漢密爾頓先生曾經說過：「這個時代所需要的是訓練有素的人」。的確，過去美國需要大量各類工作的人員，任何人不管教育程度如何，只要品行尚可，做事有條理，隨時都可以獲得一個工作職位，但如今的情況已非昔日可比。老實說，如果我現在是一個剛踏入社會的年輕人，對於那些自己毫無經驗，又沒有多少把握的工作，的確不敢擔當。

也許家境使得你無法受良好的教育，甚至還有沉重的負擔，但是你總可以抽出一些時間來強迫自己閱讀研究。如果你每天都能抽出一個小時來專門學習一門學科，最後所累積的知識必定非常可觀。這樣的做法與習慣要比心無所定，隨手翻閱的讀書方法好過許多。

如果你發現一個青年時時注重充實自己的生活，提高自己的學識，也不浪費自己的空閒時間；不僅如此，還經常注意與事業相關的訊息，能保持一種樂觀積極的心態，做起事情來非常敏捷，善始善終，即可以斷定他將來的前途一定非常光明。

但我們也經常看到許多的例子：一些體格強健，受過良好教育也有處理事務經驗的中年人，照理說可以做出一番事業來，但是他們卻過著平庸的生活，甚至在事業和生活上一敗塗地。這是為什麼呢？原因在於：他們年輕時代不肯努力求知，以至於到了必須處理各種困難時，無力應付，只好後悔莫及！

我時常收到不少中年人寄來的信，他們在信中為自己年輕時錯過了求學的機會而感到後悔。有人說，由於學識上的原因，以至現在錯失了一些很好的工作機會；也有人說，儘管如今累積了很多財富，但因知識的貧乏，以致沒有成就感。一個年紀不小、頗有資材、天賦很高的人，就是因為缺乏學問和知識方面的足夠訓練，無法勝任他所想要的工作，無法完成他所盼望的事業，這是多麼的可悲啊！

最可憐的是那些不學無術的人，上了年紀後再也無法彌補學識的不足了，加上他們沒有好的經濟條件，竟然連普通人的境界都達不到，他們既談不上有什麼志趣又缺乏自信，這樣的人生實在沒有什麼意義！

我們必須懂得平時學問上的努力和經驗上的累積，在危急關頭往往是我們最有力的支持者。例如：一個建築師平時只用到他的一半知識，就足以把手頭的工作做得很漂亮，但是遇到緊急而重要的情況時，就要用到他所有的技巧、學識與經驗。在那種情況下，他過去所累積的全部「資本」才會顯露出來。又如一個商人，在平時大可不必大顯身手，但要想成為一個出色的商人不能永遠就這樣下去，因此，他必須要做好更充分的準備，訓練更高的本領，以便拓展業務，或者應付經濟蕭條的歲月。同樣道理，一個青年人剛踏入社會時在知識與才能上也要做好相當的準備，也許在事業初創時一部分學識便足以應付當時的工作，但等到事業發展後，所有的學識都搬出來用，有時還會覺得不夠呢。

一個人所累積的學識與經驗就是他獲得成功的最重要資本。所以，你要累積這些資本，要做到這一點就必須集中精力，毫不懈怠，日積月累地去做。這樣，一旦能儲蓄這些力量就是無價之寶，所以，每個人都要趁著年紀尚輕，珍惜時間刻苦努力，否則將來的「收成」一定十分有限。

這種儲備於體內力量的高低，可以從性格上看出來，可以從工作效能中看出來，還可以從周圍的人對你的評價中看出來。但是，累積了這些力量就一定能夠成功嗎？

邁克爾・安吉羅先生去探望他當畫家的朋友萊菲爾，恰逢萊菲爾外出，安吉羅先生就用畫筆在畫布上寫下了「了不起」三個大字，表示對朋友工作的敬佩與激勵。萊菲爾回家後看到這幾個字，異常高興興奮不已，並且內心裡鼓勵自己要更加努力。「了不起」這三個字，也希望你把它牢記在心，最好把這三個大字寫出來貼在你的辦公室或臥室裡，經常注視默誦，由於看到這三個字，透過自我激勵而生的內心感應，對你的行為產生的影響必定是巨大的。

如果你在工作業務上沒有進展，這就成為你走向成功的最大障礙。當你剛離開學校時，也許心中抱著很大的期望，準備竭盡全力成就一番大事業；或者打算勤學苦讀，以求得學識上的進步；或準備擁有一種令人愉悅的社交生活；或組織一個溫馨舒適的小家庭。但是等到你真正踏入社會開始工作時，外界的各種誘惑便開始經常地侵襲你，有時它們使你無法安心學習，無法安於目前的工作，甚至使你沉淪、墮落，陷入萬劫不復的深淵。一旦你對職業和工作本身不再感興趣，那麼你的一生就到此為止了，人生旅途中原有的一切快樂、幸福、舒適都會離你而去。除非你能豁然悔悟，改過自新，痛下決心重新做人，否則，儘管年紀增加，但才能卻會退化，以後的生活只能在失敗、慘淡的氣氛中度過。

現在就要立下決心！立即行動！不管你現在的情況如何，千萬要記住三個字：「求上進」！不要把一天時間、一個小時甚至一刻鐘隨意的浪費在沒有意義的事情上，在學識、經驗、思想方面要處處求得進步。如果確實能做到這一點，那麼即使遭遇到了經濟上的失敗、厄運的阻撓、工作上的挫折也必定還有力量，必定還能東山再起。一個有真才實學的人，就無需擔心時運不濟、阻力重重，即使沒有大筆的財富，別人仍然會重視你、尊敬你，而你體內所儲藏的巨大財富，更是別人無法搶走的。

19 年輕人必備的成功資本

踏入社會的年輕人如果要想有大的成就，就非得有一筆資本，那麼年輕人的資本是什麼呢？那就是：健康、學識、信用和常識。

著名發明家愛迪生說：「專門學問的功用僅及普通常識的一半。」一個人在專門的學問方面有很深的造詣固然足以自豪，但在應付各種各樣的實際困難方面，他們往往遠不及那些具有實際經驗與豐富常識的人。專家也許有著偉大的理想，天才的人往往能從自然界發現真理，但是如果他們缺乏常識，那麼他們的理想與發現對於人們的實際生活又有什麼益處呢？德國有一句俗話說得好：「當你抬頭注視燦爛的星空時，請別忘了屋裡的蠟燭。」但世界上仍然有很多人忽視了常識的重要性，以為常識是不重要的，由於這些人平時不注意去把握常識，所以有時因常識缺乏而把事情搞砸或導致失敗，他們仍然不反省，反而認為自己運氣不好。這樣的做法和想法使他們永遠不會進步，其實，他們一切的錯誤與失敗都是自己一手造成的。

除了常識以外，一個人還必須具備各種優秀的技能。有了常識和技能，一個人總可以利用自己的力量去創造成功的機會。

社會中常有無數的青年在努力尋求各種機會，但其實，如果一個人沒有一種以上的專長，即使那個人拿著大學文憑，有著一幫頗有勢力的親戚朋友撐腰，也仍然沒有用。如果真要獲得好的發展機會，最好還是靠自己本身的實力，凡事都依賴他人的人，一定靠不住。

總之，應該盡力培養自己的能力，把各種知識、經驗和技能累積起來。你不必有貨幣財富，但你的身體裡、大腦裡的財富卻必須要十分的充足。這樣，即使碰上了經濟蕭條或遭遇不幸，也不會完全失敗，且能安然度過。從現在起，你就要努力增加內在的財富—要有健康的體魄、勇往直前的氣概、令人愉悅的態度和一絲不苟的人格。

有沒有學問，可以從很多方面看得出，例如：你的眼神、談吐、工作績效、對事情的誠意等等。如果內心特別富有，就會像一朵綻開的玫瑰，吸引周圍的人，讓他們能立刻感受到你的美麗與芬芳。

許多人一踏入社會就急於成功，不惜以他所有的內在資本大下賭注，這實在是一件可怕的事情。一個人做事業時，必須要顧及以後的需要，千萬不要過度消耗自己的精力和體力。

有一些人的腦海裡的確有著充裕的財富，但他們卻不把這種內在的財富用到做事業的正途上去，有的人甚至日夜糟塌自己的才能，即使十足的好機會也輕易放過。不加以利用，這種做法比無謂消耗自己的物質資本更令人不安。

更可悲的是，他們甚至犧牲名譽、理智及最重要的成功因素──人格。

一個生氣勃勃、和善可親的人，到處都受到人們的歡迎。凡是與他交往的人，都感到輕鬆愉快，如沐春風。一個人一旦有了這種性格，無形中為自己增添無窮的資源。具有偉大人格的人才是世界上最富有的人，一個家產百萬的富翁，與一個享有美好名聲的富人相比，就如小巫見大巫。

只要做到待人和善、做事忠誠、言行坦白，具有上述種種優良的品格，那麼無論你的外表是否美麗，都會隨時隨地受到人們的真心歡迎。人類是具有判斷力的動物，當我們遇見一個品格高尚、為人誠摯富有愛心的人時，無需他人的介紹，崇敬之情就會油然而生。偉大的人格具有一種神奇的力量，足以使所有人的性格受到感化。

才剛剛踏入社會的人，應該立志養成一種偉大的人格，讓我們的人格像大海的燈塔一樣照亮四方。我們平時的言行舉止，也必須建立在正確判斷力的基礎上，做到溫和中庸，只有如此，才能到達成功的彼岸。如果一踏入社會就整日在錢堆裡打轉，妄想橫財暴富，這是年輕人的大忌。

20

如何選擇職業

「我選擇哪一種職業比較合適呢？」這是任何人都會遇到的問題，如果一個人找不到正當的職業，那麼生活一定十分無聊。

如果要選擇職業，就去做那種光明正大、利人又利己的工作吧！千萬不要從事你對其正當性產生懷疑的職業，從事這樣的職業會使你內心感到不安，這樣，你在這種職業上就絕對不會有成功的希望，即使有鋼鐵大王卡內基和富商培彼第的才能，也不見得會把那個職業做的得心應手。

對你來說，一種好職業的標準是：它適用你的發展，能夠使你不斷進步，能讓你學到相當的技能，而且前途無限。在可能的選擇範圍內，不要從事那些會損害你的健康、讓你日夜不停地工作且永無假期的職業。你完全沒必要為自己的職業擔心，只要選擇那些適合你的工作就可以了，完全不必要去嘗試那些條件過於苛刻、不適合你的工作。

有些人因為薪水的緣故，而去從事那些低賤的職業，那些職業往往使人喪失人格、損害身體、消磨志趣，埋沒本來可以有更大作為的才能，這樣的職業會使生命看不到希望。

從眾多可能的職業中選擇一個適合的職業，就像從許多書籍中選出一些有益的讀物一樣，要儘可能選擇適合自己的工作，我們要做到深謀遠慮，我們從事的職業必須是既有益於別人又有益於自己的。

不管是誰，如果因為要逞一己之能，而忽視對自己品格的培養和發展，那麼終其一生，必定失敗無疑。

一個身體強健富有才能的人，如果把所有的精力都用在那些卑劣低微的工作上，而埋沒了自己最出色的理智與才能，那他還有什麼希望呢？俗話說得好：「做人如逆水行舟，不進則退。」這是所有年輕人都應該牢記的。

世界上不知道有多少人知識甚高、才能過人、身強體壯，本來可以有一番作為，但他們寧可把自己的智能和體力消耗在一些毫無意義使人墮落的工作上。世界上最可悲的事情，就是違背自己的良心和意志，去做他原本不願意從事的工作。

一個有抱負的青年因為「命運不濟」或是「謀生困難」的藉口，而違背自己的天性拋開自己的自尊，從事那些不值一提的卑賤職業，這是多麼地可憐啊！這些人本來應該利用年輕這一大好的資本，去過一種合乎道義的高尚生活。

一個人在世上有許多職業可以做，即使去做那掘溝渠、開煤礦、搬磚石、砌瓦片的工作，也不要去做那些傷害人格，妨害自尊、違背良心的事情。

要想獲得成功，你就必須為自己設計一個一生的計劃，然後集中心思，全力以赴地去執行這一計劃。凡是能成就大事的人遇到重要的事情時，一定會仔細地考慮：「我應該把精力集中在哪一方面呢？怎麼做才能使我的品格、精力與體力不受到損害，又能獲得最大的效益呢？」

首先應該做的是，選擇一個最適合自己發展的環境，在這一環境中，竭盡全力去把事情做得盡善盡美，以此來實現你期望的目的。你所選擇的環境一定要適合你的性格、才智和體力。總而言之，一開始做事的時候一定要先邁得開步伐，然後才能大步地前進，在一個適合自己的環境裡，我們做起事來才能感到順暢愉悅。

很多人往往存有一種錯誤的觀念，認為我們從小就對某方面的事務感興趣，所以長大後從事這方面的職業一定能如魚得水。其實，這種觀念是不對的，有很多人要等到中年時才最終確定自己究竟要走哪條路，因為人到中年時，他們在職業方面已經累積了豐富的經驗，一接手工作就能很順利地展開。

當然，我們應該及早選擇一種最適合自己的職業，但也不可過於急躁、過於草率。如果還無法及時確定，不妨慢慢來，再慎重考慮一下。固然，這樣的問題對於才智過人的人來說是不難抉擇的，但是我們還是能看到，多數人因為職業選擇的事情弄得心緒紊亂、焦頭爛額，自己究竟應該往哪邊走？尤其是好的機會降臨時，更不知道該怎麼辦。其實，在通常情況下，一個人即使沒有多少事業上的野心，只要品格端正，肯勤奮努力，就必定能找到自己在社會上的立足之地。

有人問美國銀行家喬治．皮博迪，他是如何找到這份工作作為一生職業的？喬治．皮博迪說：「我哪裡去找過它？是它自己找上門來的！」有時，很多瑣碎細小的事情，例如：偶然事件、環境、出生地、窮困、失學等等，都會成為我們獲得某種職業的決定性因素，這就好像許多微不足道的問題能影響一生的命運一樣。有時，偶爾讀一本書、聽一次演講、記取一個教訓、接受一次批評、獲得一次嘉獎或遭遇一場危險，都會影響一個人事業的成敗。

亨利．戴克教授說：「一個人最大的致命傷就是遇事猶豫不決、優柔寡斷。其實，凡事做起來只要覺得有些把握並且還有興趣，那就完全可以當機立斷去做。在職業方面，種種無謂的考慮與擔憂，只會妨礙自己的前程，只有那些勤奮努力、踏實工作的人，才能不斷的提升自己。」

托馬斯．史賴克博士也這樣說：「我能夠達到今天的程度，是因為我總是考慮如何動手去做。老是東想西想，瞻前顧後，優柔寡斷，是絕不會成功的。」

要記住，在決定一生的事業時，唯一的定律是：「你所從事的事業，必須是所有可能的事業中你最能勝任的。」

但是，職業也並非就是一生的終點，世界上大多數人只知道把眼前的職業緊緊守住，只把它當成一個謀生的飯碗。這種做法是多麼的不成熟，多麼的缺乏深謀遠慮啊！其實，我們應該把工作與職業當作一種更廣泛的學問。正是在工作過程中，我們努力求進步、努力學習怎樣為人處世、怎樣發展自己、怎樣待人接物。

21

不適合自己的職業

我們常常看到這樣的情況，有些人有不錯的學識，但是因為所從事的職業與他們的才能不相配，結果久而久之竟然使原有的工作能力都喪失了。由此可見，不稱心的職業最容易糟塌人的精神，使人無法發揮他的才能。

做事時必須要有遠大的志向，才能聚精會神、全力以赴地去做。世上沒有什麼比不稱心的職業更能摧殘人的希望、踐踏人的自尊使人喪失內在的力量。

那些對工作不稱心的人，別人常常可以從他的臉色舉止及態度上看出他不快樂，他通常臉上沒有笑容，說話、走路、做事都是懶洋洋地，提不起一點精神來。

家長強迫子女從事他們自己不稱心的工作，也算是世上最悲哀的事情之一。這些可憐的孩子們常常感到無比的壓抑、痛苦而又不知所措。家長們當然認為自己是為孩子好，當然是希望子女們能在事業上步步高升嶄露頭角。但天曉得，他們一點也不去考慮子女的個性志趣，於是家長的一番好意不僅對子女無益，反而阻礙了子女的發展，葬送他們一生大好的前程。

有一位著名作家這樣說：「一般的家長常常根據自己過去的經驗，把自己的觀點強加於子女。對於那些在某一領域大有成就的家長們，那就更是如此，由於他們本身對某一事業大感興趣而又獲得成功，所以想當然認為也要引導子女們走上這條路。其實，這樣考慮的依據僅僅是自己的經驗，絲毫沒有顧及到事業本身的特點是否適合子女。而且，時代不斷地進步，環境不斷地變遷，以前對的現在不見得對，但這些糊塗的家長們卻一點也不明白，一意孤行。所以，我要奉勸那些準備擇業的年輕人，一定要根據自己的個性來選擇，對於父母的意見也要仔細地研究清楚，不可盲目聽從。」

在求職上有一句金玉良言：「做你最感興趣的工作」。當一位青年獲得一份稱心如意的職業時，家長如果還對他喋喋不休，對他的職業品頭論足，那麼結果一定是使那青年人陷於失敗與煩惱的苦海中。所以，當一個青年找到一份稱心滿意的職業時，父母們盡可能地不要再去干涉他。

當你的父母、同學、朋友都勸你去做個大律師、大政治家、演說家、醫生、藝術家或工程師時，你萬萬不可草率決定，要三思而後行，要堅定意志去做最合你意願的工作。求職時要選「性之所近」的工作，所以，你要仔細分析體察自己的個性特徵與興趣所在。如果一時難以決定，不妨將各種職業都考慮一下，然後問自己：「我對做成這件事有多大的把握呢？這件事與我的興趣是否相合？與我的個性有衝突嗎？我有足夠的毅力、耐心和體力把這件事做好嗎？中途面對挫折和障礙我會半途而廢嗎？我能設法克服這些挫折和障礙嗎？」

你所選擇的事業必須與你的才能、體格和智力相調和，同時還必須適合自己的個性，使自己能勝任並愉快地從事這一職業而不抱怨。

如果有幸選中了這樣的職業，那就不要再猶豫了，大可放手去做。

22 選擇適合自己的職業

如果你所選擇的職業不適合你，那就不可能有成功的奇蹟出現，不但不會成功，而且甚至還會剝奪人生的樂趣。

但是，如今很多青年大多沒有考慮到這一層關係，往往喜歡做其他人看來很體面的工作，至於工作本身的特點倒不在他們考慮之內。

不知有多少人因為只考慮到工作的體面而斷送了一生的幸福，以為體面的工作必定是成功的捷徑，而不管自己的個性、才學是否與之相稱，他們完全不懂得成功的真正意義。

培養為人處世的態度，比任何事業上的成就都要來得有價值且更為重要。一個人除了理智外，最重要的就是感性，這感性其實與我們所擁有的學問一樣寶貴，但是，很多受過教育的年輕人在剛踏人社會時，往往容易會有剛愎自用、自高自大、對人冷淡等等不良的習慣；要改善這些不良的習慣，就必須從修身養性，培育感性開始，要努力使自己成為一個令人愉悅、使人敬重的人。

如果你認為自己在某種事業上缺乏足夠的才能，那麼還是拋棄這種事業為好。否則，你一生的結局一定是後悔和失望。

其實，選擇終身的職業是一件頗費周章的事情，在決策之前，必須先剖析自己的才能與志趣，要深思熟慮地加以考察。職業的重點要與自己的志趣相合，而且自覺確能勝任，這才算得上是選擇了最適合自己的職業。

年輕人一旦選擇了真正感興趣的職業，工作起來也會特別賣力，精力充沛、精神煥發能愉快地勝任，而絕不會無精打采、垂頭喪氣。同時，一份合適的職業還會在各方面發揮自己的才能，並使自己迅速地進步。

一旦決定要從事某種職業時，就要立即打起精神，不斷地勉勵自己、訓練自己、控制自己，只要有堅定的意志，永不回頭的決心，不斷地向前邁進，做任何事情都有成功的希望。

在選擇職業時，固然要對某些問題深思熟慮：自己是否能勝任？是否真的有興趣？但當你做出決定以後，就不能再三心二意了。必須集中所有的勇氣和精神全力以赴，要不斷鼓勵自己，要有與一切艱難險阻做抗爭的勇氣，要不怕吃苦、不怕碰壁，更要遠離對失敗的恐懼。

任何職業只要與志趣相投，就不會陷於失敗的困境，但是，在工作的過程中，有人常常容易受到外界的誘惑、受制於自己的慾望，便把全部精力放到不好的念頭去。像這樣的人，怎能期望成功會降臨到他的身上呢？

又有很多人整天無精打采，毫無工作與生活的樂趣，他們埋怨工作不幸和人生無聊。為什麼他們會這樣悲觀呢？主要是因為他們正從事著與自己志趣個性相衝突的職業。

世上的各色人等，都有各自的用處和地位，所以，每個人都應該找一個適合自己的職業來做。不要像有些毫無藝術修養的人偏要去做一個畫家；看見數字就頭痛的人偏要去經商。我們還常常看得到這樣的情形：許多原來可以成為工程師和藝術家的天才，一生都被關在售貨員的櫃台裡。

在選擇職業之前，你只要問自己這樣一句話就行了：「最符合我興趣的工作是什麼？」如果你發現自己的工作不太可能有成功的希望，那麼你就應該認真研究一下問題的所在，只要能找出失敗的原因，仍然不難踏上新的人生軌道，走上成功的道路。

愛默生這樣說：「一個年輕人踏入社會，就像一葉小舟駛進江海大河般，處處都要謹慎小心，要時時仔細察看周圍的障礙與困難，然後設法一一清除，這樣才可以安然穿過河口，駛入大海之中。」

當你找到最適合自己的職業時，就會明顯地感覺到，做起事來精力充沛、鬥志昂揚、信心十足，更不會再懷疑自己是否選對了職業。同時，你那振奮的精神，快樂的表情，也一定會給周圍的人帶來充滿活力的氣息。

23 萬無一失的求職方法

多年前，有一位年輕人跑到美國西部想當一名新聞記者，但因剛到西部且人生地不熟感到無從著手，只好寫信去請教報界名人塞繆爾．克萊門斯先生（即馬克．吐溫）。不久克萊門斯先生回信說：「如果你能按照我的話去做，我可以在報界為你謀得一席之地。現在請告訴我，你想進哪家報社？這家報社在什麼地方？」

年輕人接到克萊門斯先生的回信後，當然無比興奮，連忙再寫一封信，說明他所嚮往的報社名稱及其地址，同時一再向克萊門斯先生誠懇表態，願意聽從他的指示。不久後，他就接到了克萊門斯先生的第二封回信，信中說：

「只要你肯暫時只做工作不拿薪水，無論你到哪家報社，人家都不會拒絕你；

至於薪水問題，你不必著急。你可以對報社的人說，你近來覺得不工作實在很無聊，現在非常想找一份職業來充實生活，但可先不要報酬。這樣一來，無論對方報社現在是否迫切需要人員，總不好一口回絕。」

「等你獲得工作的機會後，就要主動做事，等到同事們慢慢感到確實需要你時，你再採訪各方的新聞，把寫成的稿件給編輯部；如果你所寫的稿件的確符合他們的需要，編輯自然會陸續發表你的新聞稿。如此一來，慢慢地你就會晉升到正式外派記者或編輯的職位上，大家也會漸漸重視你。此時，你就不必擔心沒有薪水了。而同事和朋友們也必定會把你的名字和工作成績傳揚出去，這樣，你遲早會獲得一份薪水頗豐的工作。不久，其他報社也會爭相來聘用你，你可以拿著聘書給主編先生看，告訴主編先生，其他報社要給你多少的月薪，如果這裡也願意出同樣的月薪，你仍然會留在這裡繼續做。到了那時，也許其他報社還會高薪挖角，但如果數目與這裡相差不多，你最好還是繼續在老地方做。」

讀完信後，這位青年一開始對克萊門斯先生的方法有些懷疑，但他仍然照著去做。

不久，他果然進了一家有名報社的編輯部；不到一個月，他接到了另一家報社的聘書，答應每月給他多少薪水；原先的報社知道後，就答應照對方出的薪水加倍給他，於是他仍舊留在原來的報社裡工作。這樣，他在那裡做了四年，在這四年當中又兩次收到其他報社的聘書，他也因此漲了兩次薪水。現在，他已是那家報社的主編了，除了這位青年外，另有五位青年也去請教克萊門斯先生，也獲得了同樣的指示，因而都找到了他們所嚮往的工作。如今美國有家名望極大的日報主編就是當年那五位之一，那位主編先生在二十年前不過是一位很平常的青年，用了克萊門斯的方法進了那家報社後，他的地位就日漸上升，終於實現了自己的夢想。

昌希．迪普先生這樣說：「一個人只要辦事謹慎，對自己有信心，那麼無論到哪裡都不難找到工作。有了工作之後，就不難迅速升遷。」

昌希．迪普告訴我們一個很好的例子，有一位名叫詹姆斯．路特的年輕人，家住伊里鐵路附近。最初，他在鐵路局裡找到一個管理貨物的小職員的職位，不久，上司看出他有足夠的工作能力，於是把他晉升為一個車站運貨部主管。上任之後，路特立刻對那個車站的貨運事務大加整頓，車站從此一改過去管理混亂的情形，一切工作都進行得有條不紊。這使鐵路部門認識路特的人都對他讚不絕口，於是，他又再次高升，被任命為伊里鐵路貨運管理處主任。當時伊里鐵路的總負責人是凡德爾比特，他看出路特這位年輕人具有無限的才能，特地邀請他到中央鐵路局做貨運部主任，年薪達一萬五千美元，這在當時是非常高的薪水。

有一天，路特因自己工作過程中遇到幾個難題，就去請教凡德爾比特。但是，凡德爾比特卻對路特說：「你憑什麼每年拿一萬五千美元的薪水呢？」「因為我負責管理運貨事宜。」路特答道。凡德爾比特又毫不客氣地說：「這麼說來，你是不是想把這份薪水讓給我呢？」

路特頓時感到羞愧難當，急忙轉身就走，隨後他終於用自己的力量把那些以前無法克服的難題一一解決。後來，由於路特自己的不斷努力，被任命為中央鐵路局副局長，不久凡德爾比特因年邁退休，路特就接過了中央鐵路局局長的職位。

昌希・迪普先生說：「如果路特當初沒有全力以赴地解決自己碰到的各種難題，恐怕現在他的職位早已是別人的了。」

24 不要給自己留退路

公元前一世紀，羅馬的凱撒大帝統領他的軍隊抵達英格蘭後，下定了絕不退卻的決心。為了使士兵們知道他的決心，凱撒當著士兵們的面前，將所有運載他們的船隻全部焚毀。

很多年輕人在開始做事時往往給自己留著一條後路，作為遭遇困難時的退路。這樣怎麼能夠成就偉大的事業呢？

破釜沉舟的軍隊，才能決戰致勝。同樣，一個人無論做什麼事，必須抱著絕無退路的決心，勇往直前，遇到任何困難、障礙都不能後退。如果立志不堅，時時準備知難而退，那就絕不會有成功的一日。

一生的成敗，全繫於意志力的強弱。具有堅強意志力的人，遇到任何艱難障礙，都能克服困難、消除障礙。但意志薄弱的人，一遇到挫折，便思求退縮，最終歸於失敗。

一個人有了決心，方能克服種種艱難，獲得勝利，這樣才能得到人們的敬仰。所以，有決心的人，必定是個最終的勝利者。只有決心，才能增強信心，才能充分發揮才智，從而在事業上做出偉大的成就。

對很多人來說，猶豫不決的痼疾已經病入膏肓，這些人無論做什麼事，總是留著一條退路，絕無破釜沉舟的勇氣。他們不明白把自己全部的心思貫注於目標可以產生堅強的自信，這種自信能夠破除猶豫不決的惡習，把因循守舊、苟且偷生等成功之敵，統統綑綁起來。

有人喜歡把重要問題擱在一邊，留待日後解決，這其實是個惡習。如果你有這樣的傾向，應該儘快將其拋棄，要訓練自己學會敏捷果斷地做出決定。無論當前問題是多麼的嚴重，你固然應該把這問題的各方面都顧及到，加以慎重地權衡考慮，但千萬不要陷於優柔寡斷。倘若有慢慢考慮或重新考慮的念頭，你準會失敗。即使你的決策有一千次的錯誤，也不要養成優柔寡斷的習慣。

當機立斷的人，遇到事情就會迅速做出決策，而優柔寡斷的人，進行決策時，總是逢人就要商量，即使再三考慮也難以決斷，這樣終致一無所成。

如果決策後絕不更改，你就會深刻地認識到，未經深思熟慮的決策，必定不會成功，執行了這樣的決策也只是徒受損失。這樣，你就會在決策之前，小心翼翼慎加判斷，從而訓練、發揮你自己的最佳判斷力。

25 堅忍不拔的決心

如果你認真地觀察過自己，對自己的體格、學問、專長、才能和志趣有一個深刻的把握，同時你也已經找到「性之相近、力之所能」的職業了，就不要再徬徨猶豫了，更不要費盡心機去找比手頭的工作更好的職業，而是應該立即堅定意志，集中自己精力於工作之上，全力以赴，除非你真的認為目前的工作是找錯了，並且確信，如果換別的工作一定會比目前的處境更好，那麼就請當機立斷馬上辭去工作。

唯有堅忍不拔的決心才能戰勝任何困難。一個有決心的人，任何人都會相信他，會對他付以全部的信任；一個有決心的人，也到處都會獲得別人的幫助。但那種做事三心二意，沒有幹勁和毅力的人，沒有人願意信任他或支持他，因為大家都知道他做事不可靠，隨時都會面臨失敗。

許多人沒有成功，不是因為能力不夠、誠心不足或者是沒有對成功的期望，而是缺乏足夠堅強的決心。這種人做事的時候往往虎頭蛇尾、有始無終，做起事來也是東拼西湊、草草了事。他們總是懷疑自己目前所做的事情是否能成功，永遠都在考慮到底要做什麼事，有時認定某種職業有絕對成功的把握，但做到一半又覺得還是另一個職業比較妥當，時而對現狀心滿意足，時而又非常不滿。這種人最後還是以失敗收場，對於這種人所做的事情，別人一定不敢信任，就連他自己也毫無把握。

在事業的路途上，你只要充分地發掘天賦的潛能，就無形中找到了一條邁向成功的大道，否則，永遠不會有成功的一天。一個人有了鐵一般的決心，無形中就能給他人一種信任，暗示著他做事一定會負責，不遠處就有成功的希望。舉例來說，一位建築師繪製好圖後，如能完全依照繪圖，一步一步的去施工，一棟理想的大廈不久就會呈現眼前。但倘若這位建築師一面施工，一面不停地更改繪圖，那麼這棟大廈還能蓋成嗎？從這裡我們也可以看出，做任何事情下決心時固然應該考慮周詳，但主意打定後，就千萬不能有所動搖了，而應該按照擬定的計劃踏實去做，一步一腳印，不達目的絕不終止。世界上沒有一個遇事遲疑不決、優柔寡斷的人能夠成功。成功者的特徵是，他絕不因任何困難而沮喪，而是認定目標勇往直前。

成功只有兩個重要的條件：一是堅定，二是忍耐。通常，人們最信任的人就是那些意志最堅定的人。意志堅定的人也會遇到困難、碰到障礙和挫折，但即使他失敗，也不會敗得一塌糊塗、敗得一蹶不振。

只要有堅定的意志力，即使才能平庸的人也會有成功的一天；否則，即使是一個才識超群、能力非凡的人，也將遭到失敗的命運。

一家全球聞名的保險公司總經理說過，在工作中，他所遇到的最大難題就是選擇可靠的工作人員。這位總經理告訴我，每次招聘經過嚴格的考試後，難得有一兩位候選人是合格的。

原來他的考試很特殊，目的在於測試應徵者是不是一個有堅定意志力、不屈不撓的人。當他對應徵者進行面試時，就用種種消極的話語來測試應徵者的意志，告訴他們保險業的重重危機和實際工作中的巨大阻力，以此來試探他們。

很多人聽了他的話之後，於是也認為前途一片暗淡，因而打消了要去保險公司工作的念頭。而只有極少數人在聽了這位總經理對前景的種種慘淡描述後，仍然不為所動意志堅決；同時，言談舉止之中能夠做到處處謹慎大方，並能顯出忠誠可靠富有勇氣的個性，這樣的人才是這家大保險公司所需要的。

堅定、勇敢富有忍耐力，這是公司對所有合格的應徵者要求的條件，如果沒有這些特徵，無論學識如何淵博，也無法得到公司的認同。

那位總經理還說：我們所極需的人才是意志堅定，工作起來全力以赴，有奮鬥進取精神的人。現在我們的員工大都很有成就，如今他們的能力也在一般人之上。但我發現，其中最傑出的大都是那些資質平庸、沒有受過高深教育的人，但他們擁有「全力以赴」的做事態度和「永遠進取」的工作精神。「全力以赴」的人獲得成功的希望大約佔九成，剩下一成的成功者靠的是「天資過人」。

求職者最應具備的品格，除了「忠誠」以外還應加上「勇氣」。具有勇氣的人做事時經得起挫折，所以很容易獲得他人的信任和歡迎。「決心」固然寶貴，但有時會因力量不足，能力有限而受阻，而唯有借助「勇氣」我們方能長驅直入。

永不屈服、百折不撓的精神是獲得成功的基礎。庫伊雷博士說過：「許多人的失敗都可以歸咎於恆心的缺乏。」的確，大多數青年頗有才學，也具備成就事業的能力，但他們的致命弱點是缺乏恆心，沒有忍耐力，所以，終其一生，只能從事一些平庸安穩的工作。他們往往一遭遇微不足道的困難與阻力，就立刻往後退縮，裹足不前，這樣的人怎麼可能成功呢？

如果想要獲得成功，就必須為自己贏得美好的聲譽，讓周圍的人都知道：一件事到了你的手裡，就一定會做成。一旦樹立了意志堅定、富有忍耐力、頭腦機智、做事敏捷的良好名聲後，無論在哪裡，都能找到一個適合你的好職位，與之相反。如果自己都看不起自己，只知迷迷糊糊的過生活，一味依賴別人，那麼遲早會被人淘汰。

決心稱得上是世間最有價值的美德，只要憑著決心，就能使一個人的全部力量發揮得淋漓盡致。

26

把心思放在一個事情上

有一次，我收到一封來自一位青年的信，他說決定要研究法律；但是在研究法律之前，打算先做另外一件事情。世上真不知道有多少年輕人為這種不良的想法和習慣所耽誤！很多人每天都在做與他們興趣不合的工作，而自嘆命運不濟，等到機會來了，再去做合意的工作。可是實際上光陰似箭，時間過去就不再重來，當所有最寶貴的青春歲月都浪費後，再想重新學習一些新的技能時，往往為時已晚。這種一再拖延、得過且過的惰性，其實與慢性自殺無異。青年人通常不太留意促成事業獲得成功的因素，不肯集中自己全部心思去做。他們不知道，對於一項事業的經驗好比是一個雪球，隨著人生軌跡的推移，這個雪球越滾越大。所以，任何人都應該把全部精力集中在某一項事業上，在這一方面隨時隨地做努力。這樣，花費的功夫越大，獲得的經驗也就越多，做起事來也就越順手越容易。

人人都必須懂得時間的寶貴，「光陰一去不復返」。當踏入社會開始工作時，一定是充滿了幹勁的。應該把這幹勁全部用在事業上，無論做什麼職業都要努力工作、刻苦經營。如果能一直堅持這樣做，那麼有一天當你發現這種習慣為你帶來的豐碩成果時，一定會感到驚訝。歌德說：「你最適合站在哪裡，你就應該站在哪裡。」這句話可以作為對那些三心二意者的最好忠告。

無論是誰，如果不趁年輕力壯的黃金時期去養成自己善於集中精力的好性格，那麼他以後一定不會有什麼大的成就。世界上最大的浪費，就是把一個人寶貴的精力無謂地分散到許多不同的事情上。一個人的時間、能力及資源都有限，想要樣樣都精是絕不可能辦到，如果你想有所成就，就一定要牢記這條法則。

對大部分人來說，如果一入社會就善於利用自己的精力，不讓它消耗在一些毫無意義的事情上，那麼就有成功的希望。但是，很多人卻偏偏喜歡東學一點、西學一下，儘管忙碌了一生卻往往沒有什麼專長，結果到頭來什麼事情也沒做成。

螞蟻是我們最好的榜樣，牠們馱著一大顆食物，齊心協力地推著拖著它前進，一路上不知道要遇到多少困難，要翻多少跟斗，千辛萬苦才把一顆食物弄到家門口。螞蟻給我們最好的寓意是：只要不斷努力、持之以恆，就必定能收到成果。

明智的人最懂得把全部的精力集中在一件事上，唯有如此方能實現目標；明智的人也善於依靠不屈不撓的意志、百折不撓的決心以及持之以恆的耐力，努力在人們的生存競爭中去獲得勝利。

那些富有經驗的園丁往往習慣把樹木上許多能開花結果的枝條剪去，一般人往往覺得很可惜。但是，園丁們知道，為了使樹木能更快地茁壯成長，為了讓以後的果實結得更飽滿，就必須要忍痛將這些旁枝剪去。否則，若要保留這些枝條，那麼將來的總收成肯定要減少無數倍。

那些有經驗的花匠也習慣把許多快要綻開的花蕾剪去。這是為什麼呢？這些花蕾不是同樣可以開出美麗的花朵嗎？花匠們知道，剪去其中的大部分花蕾後，可以使所有的養分都集中在其餘的少數花蕾上。等到這少數花蕾綻開時，一定可以成為那種罕見、珍貴，碩大無比的奇葩。

做人就像培植花木一樣，與其把所有的精力消耗在許多毫無意義的事情上，還不如看準一項適合自己的重要事業，集中所有精力，認真努力，全力以赴；肯定可以得到傑出的成果。

如果你想成為一個眾人信服的領袖，成為一個才識過人、無人可及的人物，就一定要排除腦海中許多雜亂無緒的念頭。如果你想在重要的事業上獲得偉大的成就，就要大膽地舉起剪刀，把所有微不足道、平凡無奇、毫無把握的願望完全「剪去」，在一件重要的事情面前，即使是那些已有眉目的事情，也必須忍痛「剪掉」。

世上無數的失敗者之所以沒有成功，主要不是因為才能不夠，而是因為不能集中精力、全力以赴地去做適當的工作，他們使自己的大好精力浪費掉，且未覺悟到這一問題：如果把心中的那些雜念一一除掉，使生命力中的所有養分都集中到一個方面，那麼將來一定會驚訝自己在事業上竟然能夠結出這麼美麗豐碩的果實！

擁有一種專門的技能要比擁有十種心思來得有價值，有專門技能的人隨時隨地都在這方面下苦功求進步，時時刻刻都在設法彌補自己的缺陷和弱點，總是想到要把事情做得盡善盡美。而有十種心思的人就不一樣，他可能會忙不過來，要顧到這一點又要顧到那一點，由於精力和心思分散，事事只能做到「尚可」為止，結果當然是一事無成。

現代社會的競爭日趨激烈，我們必須專心一致，對自己的工作全力以赴，才能做到得心應手，並有出色的成績。

27

機會來自於勤奮

一個人不應該受制於他的命運。世界上有許多貧窮的孩子，他們雖然出身卑微，卻能做出偉大的事業來。例如：富爾頓發明了一個小小的推進機，結果成了美國著名的大工程師；法拉第僅僅憑藉藥房裡幾瓶藥品，成了英國有名的化學家；惠德尼靠著小店裡的幾件工具，竟然成了紡織機的發明者。貝爾竟然用最簡單的器械發明了對人類文明有很大貢獻的電話。

在美國歷史上，最感人肺腑、催人淚下的故事，便是一個個透過奮鬥而獲得成功的奇蹟，許多人確立了偉大的目標，儘管在途中遇到種種艱難的阻礙，但他們依然忍耐著，以堅忍來面對艱難，最後終於克服了一切困難，獲得了成功。更有許多人本來處於十分平庸的地位，依靠他們堅忍不拔的意志、努力奮鬥的精神，結果竟躋身於社會名人領袖之列。失敗者的藉口總是：「我沒有機會！」失敗者常常說，他們所以失敗是因為缺少機會，好位置就只好讓他人捷足先登，輪不到他們。

可是有意志的人絕不會找這樣的藉口，他們不等待機會，也不向親友們哀求，而是靠自己的勤奮努力來創造機會。他們深知，唯有自己才能為自己創造機會。

亞歷山大在某一次戰鬥勝利後，有人問他，是否等待機會來臨，再去進攻另一個城市，亞歷山大聽了這話，竟大發雷霆說：「機會？機會是要靠我們自己創造出來的。」創造機會，便是亞歷山大之所以偉大的原因。因此，唯有去創造機會的人，才能建立轟轟烈烈的豐功偉業。

如果一個人做一件事情，總要等待機會，那是很危險的。一切努力和期望，都可能因等待機會而付諸東流，而那機會最終也不可得。

有人認為，機會是打開成功大門的鑰匙，一旦有了機會，便能穩操勝算，走向成功，但事實並非如此。無論做什麼事情，就是有了機會，也需要不斷的努力，這樣才有成功的希望。人們往往把希望要做的事業，看得過於高遠。其實最偉大的事業，只要從最簡單的工作著手，一步一個腳印地前進，便能達到事業的頂峰。

如果你看過林肯的傳記，瞭解他幼年時代的境遇和他後來的成就，會有何感想呢？他住在一間粗陋的茅舍裡，既沒有窗戶，也沒有地板；以我們今天的觀點來看，他彷彿是生活在荒郊野外，距離學校非常遙遠，既沒有報紙書籍可以閱讀，更缺乏生活上一切的必需品。就是在這種情況下，他每天要走二、三十里路，到簡陋不堪的學校上課；為了進修，要走一、二百里路，去借幾本書；而晚上又靠著燃燒木柴發出的微弱火光閱讀。林肯只受過一年的學校教育，處於艱困的環境中，竟能努力奮鬥，一躍而成為美國歷史上最偉大的總統，成了世界上最完美的模範人物。

偉大的成功，永遠屬於那些擁有奮鬥精神的人們，而不是那些一味等待機會的人們。應該牢記，良好的機會完全在於自己的創造。如果以為個人發展的機會在別的地方、在別人身上，那麼一定會遭到失敗。機會其實包含在每個人的人格之中，因此，「我沒有機會」，只是失敗者的推諉之辭。

28

事業轉變的時刻

一八八八年，銀行家里凡・莫頓先生成為美國副總統候選人，一時聲名赫然。一八九三年夏天的某個時候，美國農業部部長詹姆斯・威爾遜先生到華盛頓拜訪里凡・莫頓。在談話之中，威爾遜突然問起里凡・莫頓是怎樣由一個布商變為銀行家的，里凡・莫頓說：「那完全是因為愛默生的一句話。事情是這樣的，當時我還在經營布料生意，業務狀況比較平穩。但是有一天，我偶然讀到愛默生寫的一本書，愛默生在書中寫的這樣一句話映入了我的眼簾：『如果一個人擁有一種別人所需要的特長，那麼無論他到哪裡都不會被埋沒。』這句話給我留下了深刻的印象，頓時使我改變了原來的目標。」

「當時我做生意本來就很守信用，但是與所有商人一樣，難免要去銀行借貸來周轉。看到了愛默生的那句話後，我就仔細考慮了一下，覺得當時各行各業中最急需的就是銀行業。人們的生活起居、生意買賣，處處都需要金錢；天下又不知有多少人為了金錢，要翻山越嶺吃盡苦頭。」

「於是，我下決心拋開布行，開始創辦銀行，在穩當可靠的條件下，我儘量多往外放款。一開始，我要去找貸款人，後來，許多人都開始來找我了，由此可見，任何事情只要腳踏實地的去做是不可能會失敗的。」

自古以來，不知有多少人因為一生做著不適當的工作而遭到失敗，在這些失敗者中，有不少人做事都很認真，應該能夠成功，但實際上卻一敗塗地，這是為什麼呢？原因在於他們沒有勇氣放棄那耕種已久但荒蕪貧瘠的土地，沒有勇氣再去找那肥沃多產的田野，所以，只好眼看著自己白白花費了大量的精力，消耗了寶貴的光陰，但仍然一事無成。其實，他們早該知道，這是由於沒有找到適合自己的工作，但他們可能仍然迷迷糊糊繼續過著渾渾噩噩的日子。如果你以相當的精力長期從事一種職業，但仍舊看不到一點進步、一點成功的希望，那麼就應該反思一下：從自己的興趣、目標、能力來說，自己究竟是否走錯了路？如果走錯了路，就應該及早掉頭去尋找適合自己的、更有希望的職業。如果你所從事的事業一直沒有成功的希望，那就不必要再浪費時間了，不要再無謂地消耗自己的力量，而應該再去尋找另一片沃土。

當然，在你重新確定目標、改變航向之前，一定要經過慎重的考慮，尤其不可三心二意。在美國西部，有一位著名的木材商人，他曾經做了四十年的牧師，可是一直無法成為一個出色的牧師。他考慮再三後，對自己的優勢和弱點有了重新的認識，於是立刻改變目標，開始經營商業，從此一帆順風，最終成為一個全國有名的木材商人，富甲一方。

兩粒同樣的種子由於落在不同的地方，一粒長成蓬勃茂盛的參天大樹，一粒長得瘦枝綢葉異常矮小。可見，環境對事物、對人的影響力也不容輕視。

一個人由於找錯了職業以致不能充分發揮自己的才能，這實在是件可惜的事情。但是，只要他能夠認識到這個問題，就算晚了一些，也仍然有東山再起的希望。只要找到正確的方向就完全有可能走上成功之路。到那時，他一定會感到自己的生活和思想都煥然一新，似乎變成新的人一般。

29 良好的態度是重要的資本

如果說你的社會關係是一部機器，那麼良好的態度就是這部機器中的潤滑油。

誠實與自信固然是一個嚮往成功的人應該具備的重要條件，但是要獲得成功，還需要一種不可少的資本，那就是良好的態度。態度是你與人會面時給人留下的第一印象，其重要性不言而喻。一個粗俗不堪或態度惡劣的人，必然會給人留下很不好的第一印象，令人產生反感，結果是無法贏得他人的信任與合作，到處碰壁。而一個態度良好、和善親切的人，即使長相平平，甚至身有殘疾，仍然會比那些眉清目秀、身強力壯，但態度粗魯的人更容易受到人們的歡迎。

世界上有無數的人，才能平平卻靠著他們良好的態度，能做到處事順利事業有成。當著名金融家喬治・皮博迪先生還在一家商店做小職員時，有一次，一位老婦人來買東西，但是她所需的東西在皮博迪先生服務的店裡竟然沒有，皮博迪先生態度和藹地向老婦人道歉，道歉過後，他又特地帶著那位老婦人到別的店去幫她買到所需的東西。後來，這件事竟然使那位老婦人感激了一生，到臨死之前，這名婦人還在遺囑中列出了一個條款，對皮博迪先生這種以禮待人的行為給予相當的報答。

我的一位朋友年輕時非常窮困，後來他勉強準備了一筆小資本，在鄉下開了一家雜貨店。商店開張後，他對所有上門的顧客都和藹親切彬彬有禮，並且對他們的事務表示關心和興趣。他熱心去做一切可以為顧客帶來便利的事情，後來他的商店名聲遠播，連離他商店較遠的人們也上門光顧，由於這一原因，經營規模也隨之迅速擴大，如今已在附近地區設立了許多連鎖店。

有些經營規模很大的商店之所以能夠門庭若市，就是因為他們的老闆深謀遠慮，選用了許多態度和藹令人愉悅的店員，從而使自己商店的聲譽不斷上升。我也見過幾家本來生意不錯的商店，就因為辭退了一些態度可親品格優秀的店員，而使生意很快衰落，如今已是門可羅雀了。

法國巴黎有家著名的藩馬齊公司之所以生意興隆，就是因為公司的經理非常注意店員的態度。紐約也有兩家類似的百貨公司，都是因為店員服務態度的良好而聞名的。

一個商店要想生意興隆，店主就必須要有選用態度和藹的好店員的銳利眼光。一個善於經營的店主，一定會非常重視店中所有工作人員禮貌態度的培養。他首先會從自己做起，例如：和顏悅色地對待所有下屬，重視每個職員在工作上的努力，關心員工的生活等等。用這種方法和態度來管理店員，要比嚴格苛求的管理方法和態度來得更高明。而且好態度具有傳染性，店主這種和善的行為不久就可影響到店員的態度，而且久而久之，大家都知道你是一位和善體貼的店主了。

任何商店的老闆當然希望自己的員工能夠吸引顧客，使生意日漸興隆，但是卻不應當鼓勵員工用強迫推銷的方式去迫使顧客買東西。我們應該懂得跨進我們店門的任何一位顧客都是一位新的客戶，必須要和氣地對待，至於買不買東西則是他的權利，我們絕對無權加以干涉。我們所應盡到的職責，就是代表商店親切和藹、彬彬有禮地招待客戶。

許多人因為缺乏良好的教養，在待人接物上養成了自大、蠻橫、粗魯、生硬的態度。這種人如果還沒有自知之明不加以改善，前途必定一片灰暗，做起事來也必定會不順利，更談不上有什麼大的成就了。

如果一個人能從小就受到關於「為人態度」的教育，那麼長大成人後自然就會擁有良好的態度。擁有優秀的品格和良好的態度的人將來一定容易成功，而在他成就大業的道路上，那良好的態度也將成為他的最大資本。一個態度和藹可親、學識淵博的人與那些坐擁財富卻不得人心、脾氣乖戾的人相比，真是有如天壤之別。

30

成功障礙之一——過分敏感

許多人常常一看見陌生人就想趕緊躲開，這個心理是成功的障礙，這種心理若不能改掉就絕無成功的可能。世上不知道有多少人因為過度敏感而陷於人生困境。

我認識許多年輕人，他們受過高等教育，也有正當的職業，但由於過度敏感，無法忍受別人的一句批評一句勸告，所以無法發揮他們的潛能。這種人常常會因為在辦公室或其他地方遇到一些微不足道的小事，彷彿神經就受了很大的刺激一般，而感到悲痛欲絕。這種人隨時都會懷疑別人，對別人的行為做出對自己不利的聯想，因此到後來，不但心情不快樂，而且工作效率也會降低。

通常來說，過度敏感的人往往都具有良好的品格、遠大的抱負和淵博的學識，如果他們能克服過度敏感的毛病，必定可以成為傑出的事業家。

過度敏感是一種嚴重的缺陷，往往會成為阻礙人們發展的一個可怕毒瘤。過度敏感還容易使人養成其他種種惡劣的習氣，例如：妄自誇大、為人處世上的做作、態度不自然等等；過度敏感者還常常欺騙自己，一遇瑣碎的小事都把它看得很重要，結果只是自尋苦惱。

一個有著過度敏感心理的人，經常都會覺得別人正在注意他，彷彿別人所說的話、所做的舉動都與他有關。他誤認為，每個人都在談論他、監視他或恥笑他──包括他的一切言談舉止和所有習慣，但事實並非如此。他總在注意別人，但其實別人從未注意過他。

過度敏感不但是愉快生活和健康身體的敵人，也是自尊心的敵人。凡是明智者都應革除這個毛病，不要過度敏感，要保持身心健康，頭腦清晰，努力塑造自己的人格和自信。

醫治過度敏感有一個好方法，那就是多與人交往。當與人交往時，你要少注意自己內心那些旁枝末節的感受，而要尊重交往者的才華學識，如果這樣做，那麼一定能醫治好過度敏感這一心理疾病。

要想解除這種病症，首先要養成堅定的自信心。要堅信自己是一個誠實能幹、肯守信用的人，這種自信心一旦成為習慣後，就很容易把心理懦怯、經常猜疑的毛病清除掉。美國大主教華特里從前也患過過度敏感和懦怯的毛病，當時他每天都感到有人在注意他，在對他品頭論足，因而經常感到苦惱。但後來他豁然醒悟，就下定決心不再去考慮別人對他什麼評論或怎樣想，不久過度敏感的毛病果然痊癒了。

31

成功障礙之二——不良習慣

良好的氣質、儒雅的風度會對人的未來產生非常有利的影響。一個有良好風度的青年，誰不願意與他交往呢？而一個脾氣古怪，態度惡劣的青年，誰又會願意與他交往呢？我們生活在世界上，所嚮往的是快樂和舒適，而不是冷酷與煩惱。

所以，一個有不良習慣的人就算是本領再大，也不會有多少發展的空間。一些學識淵博、才華過人的人常常感到奇怪，為什麼自己爭取不到好的職位，其實他們不明白，自己的態度才是成功道路上的最大阻力。沒有一個企業會喜歡那些行為粗野或無精打采的員工，他們喜歡的是生氣勃勃、做事敏捷、令人愉悅的人。而那些浮躁不安、吹毛求疵、為人刻薄、惹是生非的人，永遠無法成為受歡迎的人物。

一些不易引起人們注意的瑣碎小事，往往比一些人人都關注的大事，更容易影響業務的近展和事業的發展。對事業成功危害最大的莫過於不謙虛。缺乏謙恭的品質、為人狂妄自大的人不但在經營上易於失敗，而且還將因為這些不良的習性而失去生活上的樂趣。每個人都應該改掉足以妨害事業成功的種種不良習慣，例如：舉止慌亂、急躁不安、行動無力、言語尖苛等等，因為這些小習慣都會成為造成失敗的原因。

你最好能把所有對成功不利的小習慣記錄下來，然後對照自己犯了哪些錯誤，並研究出怎樣來改掉這些習慣，如能這樣做，將來一定能獲得奇蹟般的收穫。

很多人在無意中養成了不肯謙恭、自滿自大的習慣，結果阻礙了他們的成功。所以，凡是渴望成功的人，都應該對自己平時的習慣作深刻的檢查，把那些會妨害成功的劣習一一檢舉出來。如果你真的發現自己的確有某些不良的做法，就要勇於承認，不要用藉口來搪塞過去，而要將這些不良習慣逐一改正過來。若能持之以恆，必然會有大收穫。

32

成功障礙之三——萎靡不振

世間有一種最難治也是最普遍的毛病就是「萎靡不振」，「萎靡不振」往往使人完全陷於絕望的境地。

一個人如果萎靡不振，那麼他的行動必然緩慢，必定毫無生氣，做起事來也會一塌糊塗不可收拾。看上去就像沒有骨頭般，渾身軟弱無力，彷彿一碰就倒，整個人看起來總是沒有精神。

一定要注意，千萬不要與那些頹廢不堪、沒有志氣的人來往。一個人一旦有了這種壞習性，即使後來豁然悔悟了，他的生活和事業必然已打了折扣。

遲疑不決、優柔寡斷無論對成功還是對人格修養都有很大的傷害。優柔寡斷的人一遇到問題往往東猜西想，左右思量，不到逼上梁山之日絕不做決定。久而久之，就養成了遇事不能當機立斷的習慣，也不再相信自己。由於這一習慣，原本所具有的各種能力也會跟著退化。

一個萎靡不振，沒有主見的人，一遇到事情就習慣性的「先放在一邊」，說起話來又是吞吞吐吐毫無力量；更為可悲的是，他不相信自己會成功。反之，那些心志堅強的人習慣說做就做，凡事都有自己的見解，並且有很強的自信心，能堅持自己的意見和信仰。如果你遇見這種人，一定會感受到他精力的充沛、處事的果斷、為人的勇敢。這種人認為自己是對的就大聲的說出來；遇到確信應該做的事就盡力去做。

有一本叫《小領袖》的作品，描寫了一個凡事都優柔寡斷、遲疑不決的人，他從小時候就說要把附近一棵擋著路的樹砍掉，但卻一直沒有真正動手去砍。隨著時間的逝去，那棵樹也漸漸的長大，等他兩鬢斑白時，那棵大樹依然擋在路中間。還有一個藝術家，他早就對朋友們說，準備畫一幅聖母瑪麗亞的像。但一直沒有動手，整天在腦海裡設計劃的姿勢和配色，一會兒說這樣不好，一會兒說那樣不好。為了構思這幅畫，其他的事情也都無法做，但是直到他去世，這張他整日構思但一直沒有動筆的「名畫」還是沒有問世。

對於世上的所有事業來說，不肯專心、沒有決心、不願吃苦就絕不會有成功的希望。獲得成功的唯一道路就是下定決心、全力以赴地去做。

遇到事情猶豫不決、優柔寡斷、懶散的人，無法給人留下好的印象，也就無法獲得別人的信任和幫助。只有那些精神振奮、踏實肯做、意志堅決、富有魄力的人，才能在他人的心目中建立起信用。

對於任何工作，我們都應該集中全部精神和所有力量。即使是寫信打雜等微不足道的小事，也應集中精力去做，與此同時，一旦做出決策就要立刻行動；否則，一旦養成拖延的不良習慣，人的一生大概也不會有太大的希望了。

世界上有很多人都埋怨自己的命不好，別人為什麼容易成功，而自己卻一點成就都沒有呢？其實，他們不知道，失敗的原因就在於自己，例如：不肯在工作上集中全部心思和智力；做起事來不積極、萎靡不振，沒有遠大的抱負，在事業發展過程中也沒有排除障礙的決心；沒有使出全力集中起來，匯成滔滔洪流。

我們在都市的街頭巷尾中，經常可以看到一些到處漂泊，沒有固定住處甚至有一頓沒一頓的流浪漢，他們都是生存競爭場上的失敗者，敗給那些有魄力、有決心的人，主要原因就是他們沒有堅定的意志，提不起振奮的精神，所以，前途必然是一片慘淡，這又使他們失去了再度奮鬥的勇氣。

青年人最容易感染又是最可怕的疾病，就是沒有明確的目標和沒有自己的見解，就是因為這一點，情況常常越來越差，甚至到了不可收拾的地步，他們安於平庸、無聊、枯燥、乏味的生活，得過且過的想法支配著他們。從來不想振奮精神、拿出勇氣、奮力向前，結果淪落到自暴自棄的境地。之所以如此，都是因為缺乏遠大的目標和正確的思想。

隨後，自暴自棄的態度竟然成了他們的習慣，從此不再有計劃、不再有目標、不再有希望。要對一個剛從學校踏入社會熱血沸騰、雄心勃勃的青年指出一條正確的道路，是一件比較容易的事，但要想改變一個屢遭失敗、意志消沉、精神頹廢者的命運，似乎是難上加難。對這些人來說，彷彿所有的力量都已消失殆盡，所有的希望都已全部落空，看上去也如同行屍走肉一般，再也沒有重新振作的精神和力量了。

其實，世上不少失敗者的一生都沒有很大的過錯，但由於本身弱點太多、懦弱無能、做事半途而廢、一遇挫折便不求上進。沒有堅強的意志、沒有持久的耐力、更沒有敢做敢當的判斷力，使他們陷於失敗的境地。這些人如果能徹底反省，再尋得一個切實的目標，立定決心並能持之以恆，前途仍是大有希望的。

33

怎樣奠定信用的基礎

有些人開始經商時，常常有著這樣的看法，即認為一個人的信用是建立在金錢基礎上的。一個有錢的人、有雄厚資本的人就有信用，其實這種想法是不對的，與百萬財富比起來，高尚的品格、精明的才幹、吃苦耐勞的精神要高貴得多。

任何人都應該努力培植自己良好的名譽，使人們都願意與你深交，都願意竭力來幫助你。一個明智的商人一定要把自己訓練得十分出色，不僅要有經商的本領，為人也要做到十分誠實、信用和坦率，在決策方面要培養堅定而迅速的判斷力。

有很多銀行家深具眼光，他們對那些資本雄厚但品行不好、不值得信任的人，絕不會放款一分錢；他們反而願意把錢借給那些資本不多但肯吃苦耐勞、小心謹慎、經常注意商機的人，銀行信貸部的職員們在每次貸出一筆款項前，一定會對申請人的信用狀況研究一番：對方生意是否穩當？能否成功？只有等到覺得對方很可靠沒有問題時，他們才肯放款。

任何人都應該懂得——人格是一生最重要的資本。要知道，欠錢不還，其實是在拿自己的人格做典當。

羅賽爾．賽奇說：「堅守信用是成功的最大關鍵。」一個人要想贏得人家的信任，一定要下很大的決心，花費大量時間，不斷努力才能做到。

一次我拜訪一家雜誌社的主編約翰．格林先生，詢問他對人如何獲得信用的看法。他說了以下幾點：「第一，必須注意自我修養，善於自我克制，做事必須懇切認真，建立良好的名譽；應該隨時設法糾正自己的缺點，行動要踏實可靠，做到言出必行，與人交易時必須誠實無欺——這是獲得他人信任的最重要條件。」

「其次，一個想要獲得他人信任的人，必須有所績效來證明他的確是判斷敏銳、才學過人、富於實力。一個才能平平的人把多年的儲蓄都拿來投資到事業上，固然是很好的事。但如果他在某一方面有專長給人留下的印象就更好了。因為現在是一個企業和職業都專業化的時代，一個沒有專長又樣樣只懂一點的人，與那些在某一領域有專長的人相比，競爭力是不夠的。所以，如果一個人身上有一筆最可靠的資本──在某一領域有專長，無論走到哪裡都將受到格外的重視。」

「第三，一個青年人要想成功，更需要一種最可貴的資本──良好的習慣。有良好習慣的人遠比那些沾染各種惡習的人容易成功。世上本來已有不少人快跨入成功的門檻，但是因為一些不良的習慣，使得別人不敢信任他，事業因此而受阻無法再向前發展。那些沾染了各種惡習的人，通常都自己不太清楚，但那些和交往及業務上往來的人卻看得很清楚，因為他們大部分都是很重視這些問題的。」

「一個人的品格通常是經過他的習慣來培植成功的。有些人原來品性優良，但後來因為沾染了一些惡習，結果再也沒有出頭之日。很多人一開始不太注意自己的習慣，覺得那是小事，但是，久而久之，可能會因為這些惡習而為人所排擠，到時候他才懊悔開始反省。但是，又有什麼用呢？」

「一個有志成功的人，為了自己的前途無論如何都要抵制不良的誘惑，在任何誘惑面前都要堅定決心不為所惑。必須永遠善於自我克制：不飲酒、不賭博、不弄虛作假、不因毫無意義的項目而舉債。他的娛樂項目應該是正當而有意義的，否則，只要稍動邪念就可能毀掉自己的信用。如果稍微分析一個人失敗的原因，就可知道大部分都是因為有著一些不良的習慣。」

他又說：「很多人能獲得成功所靠的就是獲得他人的信任。但是現在仍有許多人對於獲得他人的信任一事不以為意，不願在這方面花些心血和精力，這種人一定不會有什麼發展。」

「我想說一句話奉勸想在商場上有所作為的人，應該隨時隨地加強自己的信用。一個人要想加強自己的信用，一定要有堅強的決心努力奮鬥去實現。只有實際的行動才能實現願望，也只有實際的行動才能有所成就。」

「也就是說，要獲得人們的信用，除了人格的基礎外，還需要實際的行動。任何一位青年在剛踏入社會做事時，絕對不會無緣無故得到別人的信任。他必須發揮出所有的力量，在財力上建立堅固的基礎，在事業上獲得發展有所成就，然後優良品行美好的人格才會被慢慢發現，會使人對他產生完全的信任，也必定能走上成功之路，我們雜誌社外派採訪社會名人的記者，他們最注意的倒不是那個成功者的生意如何；他們注意的往往是那個人是否還在不斷進步，品格是否端正，習慣是否良好，以及他創業成功的歷史與奮鬥的過程。」

很多人都沒注意到：越是細小的事，越容易給人留下深刻的印象。例如：你向人借錢後，到了約定日仍無法還錢，便隨口說過幾天再還吧！對方如果稍有判斷力，一定可以看出你是一個怎樣的人，你的信用狀況又是怎樣。你也許會想，再過幾天又有什麼關係呢？那位借你錢的人不是很有錢嗎？但是，反過來想一想，這樣一來你的信用要受到多大的損害啊！

一個精明的商人做起事來總是很迅速、敏捷，從不會拖拖拉拉、遲延，這就是他們走向成功的不二法門。他們訂立合約後從不違約，也不會開出空頭支票。他們知道，無論是樹立信用還是生意成功都需要小心謹慎，否則，一旦信用喪失生意必將失敗。

要獲得他人的信任，除了要有正直誠實的品格外，還要有敏捷正確的做事習慣，即使是一個資本雄厚的人，如果做事優柔寡斷頭腦不清，缺乏敏捷的手腕和果斷的決策能力，那麼他的信用仍然維持不住。

而一個人一旦曾失信於人，別人下次再也不願和他交往或有任何生意的往來了。

34 借助別人的力量

青年人一踏入社會都應學習待人接物、結交朋友的方法，以便互相提攜、互相督促、互相支援，否則，單槍匹馬絕對難以成功。

鋼鐵大王卡內基曾經親自預先寫好自己的墓誌銘：「長眠於此地的人懂得在他的事業過程中，起用比他自己更優秀的人。」

大部分美國人都有一種特長，就是善於觀察別人，並能夠吸引一批才識過人的良朋好友來合作，激發共同的力量。這是美國成功者最重要也是最寶貴的經驗。

任何人如果想成為一個企業的領袖，或者在某項事業獲得成功，首要的條件是要有一種鑑別人才的眼光，能夠識別出他人的優點；並在自己的事業道路上利用他們的這些優點。

一位商界著名人物也是銀行界的領袖對我說：「他的成功得益於鑑別人才的眼光。」這種眼光使得他能把每一個職員都安排到適當的位置上，而從未出過差錯。不僅如此，他還努力讓員工們知道他們所擔任的位置對於整個事業的重大意義，這樣一來，這些員工無需他人監督，就能把事情辦得有條有理、十分妥當。

但是，鑑別人才的眼力並非人人都有。許多經營事業失敗的人都是因為他們缺乏鑑別人才的能力，他們常常把工作分派給不恰當的人去做。他們本身儘管工作非常努力，但常常對能力平庸的人委以重任，卻反而冷落了那些有真才實學的人，使他們埋沒在角落裡。

其實，他們一點都不明白，一個所謂的人才，並不是能把每件事情都做得很好，而是只能在某方面做得特別出色的人。例如：對於一個會寫文章的人，他們便認為是一個人才，認為他管理起員工也一定不差。但其實，一個人能否做一個合格的管理人員與他是否會寫文章是毫無關係的。他必須在分配資源、制定計劃、安排工作、組織控制等方面有專門的技能，但這些技能並不是一個善寫文章的人就一定具備的。

世上成千上萬的經商失敗者，都壞在他們把許多不適宜的工作加在員工的身上，而不去管他們是否能夠勝任，是否感到愉快。

一個善於用人、善於安排工作的人，就會在管理上減少許多麻煩。對於每個員工的特長都瞭解得很清楚，也盡力做到把他們安排在最恰當的位置上。但那些不善於管理的人往往忽視這方面的重要性，反而考慮管理上一些無謂的小事，這樣的人當然要失敗。

很多精明的總經理、高階主管在辦公室的時間很少，常常在外旅行或打球，但他們公司的營業絲毫不受影響，公司的業務仍然有條不紊地進行著。那麼，他們是如何做到的？有什麼管理秘訣呢？只有一個秘訣—他們善於把適當的工作分配給最適當的人。

如果你所挑選的人才與你的才能相當，那麼你就好像用了兩個人一樣。如果你所挑選的人才，儘管職位在你之下，但才能卻要超過你，那麼你用人的水準可算得上高人一等。

這不是什麼特別希罕的事情，有許多員工的辦事能力遠在老闆之上，這些人只要一有機會，就立即可以自創事業。有很多本來可以大建功業的人，都是因為沒有把握好機會，以致於一生默默無聞。

有許多人之所以有驚人的發展，造就偉大的事業，往往是因為他們受了重大的壓迫。例如：當美國的政治發生重大變故、國內大亂、人民居無定所的時候，像林肯、格蘭特、法拉格特、謝爾曼、李將軍等人便挺身而出，受命於危難之間，擔當起國家的重任，如果那時美國國泰民安、氣象平和，那麼這麼多偉大人物即使有滿腔的抱負，也許仍然會在默默無聞中度過一生！

所以，也許現在美國有許多偉人正在沉睡著，也沒有人去特別注意他們。但如果發生重大的變故，那麼這些早已有所準備的人，便立即會挺身而出、一鳴驚人，創下不朽之功業。等到一切變亂平定，恢復平靜後，他們又會重新回到人們毫不注意的一隅，安度晚年。

如果一個人能被委派一個責任重大的工作，同時又為上司所信賴時，往往容易在艱難環境的壓迫下和求勝心切的激勵下，把自己的工作做得很出色，一定會將他所有的才識、能力施展出來，會竭盡全力做到讓上司滿意。反之，如果上司給他安排的工作與他本身的才能志趣不合，同時上司還經常無理地干涉、不信任，那麼他對自己的工作一定很灰心，還會覺得在目前的職務上不能有很大的發展。這樣，他就只能每天聽上司的命令，按部就班的工作，而無法將自己充分的才能完全用到工作上。

35 順應時代的潮流

有一位士兵自己踩錯了步伐，卻反而說全隊的其他士兵踩錯了步伐，這是常常流傳的一個笑話。在商場上，有很多刻苦努力、積極上進、抱負遠大的商人也容易犯這個錯誤。這些人過於固執，從來不肯學習適合時代發展潮流新的經商方法。

我們的時代一切都在突飛猛進，任何人都在追求更新的、更完美的東西。無論是一份報紙還是一本書，人們都愛買那些資訊最新的、內容最豐富的。商人要做廣告，也喜歡找那些銷量最大、版面式樣最新穎的報社或雜誌社，事業一旦落後於別人，那麼一定會失去客源。

很多教師在最初的績效本來都不錯，但是因為老是守著自己的舊思想，無法用最新的教學法，教學無法活用，所以也逐漸被淘汰。

許多律師用的是多年前學來的舊法律和老的辯論方法，但是，現在的法律已經有了新的發展，辯論方法也較以前進步，但這些一度成功的律師們卻不再注意學習，於是被那些後起之秀趕上了。

一些老醫生如果也是循著一些老方法，他們也會漸漸走到窮途末路。本來應該將診所的門面重新裝修一番，應該購置一些新的醫療器材和新的藥品，但卻捨不得花錢，沒有抽出一些時間來閱讀最新的醫學知識，所以病患越來越少。

一個只知按照傳統方法耕作的人絕不會有好的收成，既沒有注意化學肥料的功用，又不考慮買些有效率的農具，因此，儘管辛勤耕耘也收成不佳。而那些善於學習的農夫就不一樣了，他們用新的農具、新的耕作方法，所以事半功倍。

我認識一位造詣精深、名望很高的老畫家，他作畫時力求完美，精益求精，對於細緻瑣碎的地方，也畫得極其工整、惟妙惟肖，他對人說，他畫中種種細微的地方，即使拿放大鏡來仔細察看也沒有一點缺失。起初，他的畫的確負有盛名，得到人們的讚譽。但是到了後來，印象派開始興起，野獸派也開始出現，未來派也隨之崛起。但這位老畫家卻不對這些下功夫研究，不僅如此，還覺得他們粗野淺薄。結果，因為跟不上時代，致使自己也走進了古董畫的墳墓裡。

一個能夠趕上時代的年輕人，與那些資格很老、一度叱吒風雲，但思想卻落後於時代的人相比，不知道要強過多少倍。例如：以經商為例，以前經商只要有謀略反應敏捷，做事迅速就必定可以成功，可是現在光有這些條件已經不夠了。現代社會，一個成功的商人必須具有相當的學識，對於各種知識，例如：國內外的地理、風俗，人情等等，例如：市場調查、會計、統計等等都要非常熟悉。除此之外，還要有寬大的胸懷，進取的精神，以及刻苦奮鬥的耐力和勇往直前的毅力。

能夠適應時代的商人必須有一種敏捷及準確的判斷力，要有細密的頭腦以及敏銳的眼光和鑑別能力。一個見識廣眼光敏銳的人，會注意到各種日新月異的新需求，並把滿足這些新的需求做為企業決策的依據和企業發展前途的基礎。

世上不知道有多少人的寶貴精力，都白白地耗費在沒有意義的守舊工作中，這算得上人類文明史上最大的損失。一個善於利用自己精力的人，一定會迅速地抓住潮流、趕上時代，如今這個時代，不能僅僅一知半解。無論想成就任何事業，一定要對事業有全面性的瞭解、深刻的研究，還要隨時注意國內外的大小事件和變故，市場的各種情況等等。倘若你準備做某一行業的領袖，千萬不要放過目前學習各種知識的機會！

無論從事何種行業，都應該永遠存著進取之心。俗話說得好：「人生如逆水行舟，不進則退。」一個人一旦停下來，裹足不前，一旦對於自己的才能學識感到滿意，那麼不久之後，就會被不斷前進的時代巨輪拋到後面。

唯有振奮精神，拿出全部力量，充分發展天賦，不斷向前邁進，不斷追求知識，不斷觀察研究，不斷思考，才能一生都不致落後於時代。要知道，一個跟不上世界潮流的人是沒有立足之地的！

36 組織條理可以改善效率

某雜誌刊載了這樣一個故事：有一位老商人在小鎮做了幾十年生意，後來失敗了。當一位債主跑來要債時，那位老商人正緊皺雙眉，思索失敗的原因。

他說：「我為什麼會失敗呢？難道我對顧客不熱情、不客氣嗎？」

那位債主對他說：「你可以東山再起。你不是還有不少財產嗎？」

「什麼？要從頭做起？」

「是啊！」你應該把目前的經營情況列在一張表上，好好盤算一下，然後從頭做起。」

「你的意思是要我把所有的資產和負債項目詳細核算一下，列出一張表格嗎？

要把門面、地板、桌椅、櫥櫃都重新油漆一番，弄成新開張一樣嗎？」

「是的！」

「這些事我早在十五年前就想去做了，但後來因為沒有下定決心，所以一直沒有去做。」

無論是在大都市裡還是小城鎮裡經營生意，都應該把物資管理得井井有條，把帳目記得清清楚楚—這是最重要的一件事。那些把什麼東西都弄得亂七八糟的人，終有一天是要失敗的。

美國信託同業公會會長說：「根據我這幾年中與一般大公司和商行交往的經驗來看，深知那些能夠隨時獲得有關公司營業狀況報告的老闆，能對全店經營情形瞭如指掌的老闆，他們的事業一定不會失敗。」

很多人都有一種壞習慣，對事情都只想隨便敷衍一下，從來不會想要完完整整地把它做好。這些人脫下衣服、解下領帶就隨手一扔。這種人一旦踏入社會，工作起來一定會把自己的四周弄成一團亂，他們在做事時也一定只會抱著「敷衍了事的態度」。

如果多費一點心思，做任何事情都求一個結束，任何東西都收拾好，當以後有需要時再把東西找出來，不知道要節省多少時間和精力，不知道要節省多少無意義的麻煩與苦惱。

有些人失敗後常常想不出來其中的原因，其實，他面前的那張辦公桌已經把其中的原委老老實實地說出來了，桌面上到處凌亂不堪；抽屜裡塞滿了各種物品，毫無頭緒。

我若要錄用一個秘書，絕不在乎他的推薦人是誰，最在意的還是他的房間裡桌椅傢具的陳設與整理。其實，我們身邊的一切用具和擺設都是揭露我們日常習慣最可靠的證人。

凡是我們的行動、談吐、態度、舉止、眼神、服飾、打扮……也無不在毫不客氣地揭露我們是什麼樣的人。而且，往往也把自己還不明白失敗的原委毫不保留地揭露了出來。

經營任何事業千萬不要做做停停、停停做做。有許多人今天說得頭頭是道，而明天還是毫無改善，沒有一樣事業可以靠喊口號而成功的，要成就事業，非得集中心思、有條有理、持之以恆並且不斷地努力！

37

「混口飯吃」的人生哲學

社會中有不少年輕人因為種種原因陷入了頹廢的處境，他們常常說：「過一天算一天！」、「能混口飯吃就行了！」、「怎麼做都不至於丟掉飯碗吧！」這種人實際上已經承認了自己人生的失敗，甚至已經偏離了人應該具有的正常生活，根本就談不上什麼「進步」與「成功」。

振作精神雖然未必能立竿見影，得到物質上的效益，但是它能夠使你的生活變得充實，並使你重新獲得無窮的樂趣。如果不振作精神，做任何事情都不會進步。必須集中全部精力與體力去完成它，每天都要使自己的能力有明顯的進步，經驗有相當的累積。因為所有的工作，都可以用來發展我們的才能，豐富我們的經驗。如果一個人能振作起來，那麼他的收人一定不會只是限制在「填飽肚子」而已。

世界上的各種偉大事業，沒有一件是只想「填飽肚子」的人，或者「得過且過」的人做成的。成就這些大事業，都是那些意志堅定、不畏艱苦、充滿熱忱的人。

試問，一個想創作一幅名作的畫家，如果他拿筆時有氣無力，作畫時心不在焉，那麼他能畫成一幅傳世名作嗎？對一位想寫一首名垂千古好詩的大詩人來說，對一個想創作一部為人傳誦的名著的作家來說，對一個想研究出一門有利人類的高深學問的科學家來說，如果他們工作時無精打采，草草了事，那麼他們有成功的一天嗎？

豪勒斯．格里利先生說，如果想把事情做到最完美的境界，就非得要有深邃的眼光和充分的熱忱。一個生氣勃勃、目標明確、深謀遠慮的人，一定會接受任何艱難困苦的挑戰，也會集中心思向前邁進。他們從來不認為生活是可以「得過且過」的，所以每天都在按計劃地進行，他們知道，一定要向前進，不管是進步了一寸還是一尺，最重要的是每日都在進步。他們時常擔心自己的能力不夠，經驗不足，唯恐自己淪落為一個僅能混口飯吃、僅能填飽肚子的人。

大音樂家奧里布爾的故事，實在是各行各業其他工作者的最好典範。這位舉世聞名的大音樂家在舞台上一演奏起他的小提琴，聽眾們就會為之傾倒。可是，一般人不知道奧里布爾在小提琴演奏上的過程中所花費的苦心。他在八歲大的時候，經常在深夜起床，拿出那可愛的紅色小提琴開始練習。從此以後，奧里布爾直到長大成人再也沒有離開過他的小提琴。他所演奏的音樂優美婉轉，傾倒了無數聽眾，每當他在聽眾面前演奏音樂時，就像巨風吹過草木一般，聽眾們的情緒也跟著樂聲波動起來。在奧里布爾的樂聲中，無數的聽眾受到極大的感染，養成優美柔和的性格。對有些聽眾來說，奧里布爾的音樂就好像微風送來的陣陣花香，使他們忘掉一切煩惱與辛勞。

那麼，奧里布爾是如何獲得成功，成為一代音樂大師的呢？在他小的時侯，其父親曾嚴厲地反對他學小提琴；同時，貧窮與疾病也緊緊地跟隨他。但是，奧里布爾有著充分的熱忱和專心一致的態度，所以克服了一切障礙，成為聞名世界的大音樂家。

生活中隨處可以看到這樣的人：只有等到別人迫使他們工作時才會去工作，但他們對於本身的學識才能卻一無所知。從來沒有真正考慮過，自己到底有多少智力與體能，遇到任何事情，總是以敷衍的態度，漫不經心地處理。他們情願待在山谷裡，也不肯花力氣、用心思來向上攀登，不肯下決心爬上山巔，張開眼來把廣袤的世界看個清楚。

不論是誰，如果遇到事情不肯振作精神，不以熱忱的態度，不使出全身的力量，不感到前途的可悲，那麼絕對不可能做出什麼事業來。

一般人生來好像無法自主，一定得依靠他人。當環境束縛發展時，情願忍受而不知反抗。有些事情如果非得自己決策，就會感到束手無措。他們極度缺乏自信，任何事都得請教別人，靠別人的幫助、策劃以及決定，甚至從來沒有想過自己做決定，試試看會怎麼樣？當然更不知道如何去培養、發展自己的個性。

世上有無數的人在糟蹋自己的潛能和才幹，每遇到必須由自己來負責的事情時，總是習慣性地逃避，恨不得馬上有人伸出援手來幫助他。

在一般得過且過、懈怠懶惰、愚蠢懦弱者的眼裡，世界上一切的好位置，一切有出息的事業都已人滿為患。的確，像這樣懶散成性的人，無論走到那裡都不會有立足之地，也沒有人會需要他們。社會的各行各業都急切需要那些肯負責任、肯努力奮鬥、有主張的人。一個富有思想和判斷力、具有創造力、能夠刻苦耐勞的人，隨處都可以立足，不論在哪裡發展都有希望。反之另一些只會埋怨機會太少、懷才不遇的人，是一輩子都不會有出息的。

只有懦弱無能者才會一天到晚埋怨沒事做，而那些對自己的能力有把握，自信能獲得好位置的人，從來不會向人訴苦，他們曉得，認真努力才是唯一的出路。

有些年輕人常常在心裡這樣想：「我不準備做個一流人物，只要做個二流人物就能滿足了。我也不妄想獲得一個一流的高薪職位，只要有個二流職位就很稱心了。」這種人的見識其實並不高明，要做二流人物容易得很，只要故意不顯出一流人物的才能就可以了。但是，要知道如今社會上最感到人滿為患，自己如同滯銷的劣貨一般不為人所需要的，大都是懷著這種心理的——無法躋身於一流人物行列的人。

如果從各方面去觀察，我們就可以看出一個無法躋身於一流人物的人是什麼樣的。有些人習慣於浪費時間、空耗精力，同時理解力也很差，言談舉止也顯得很遲鈍，這種人似乎不會有什麼發展。另外有一種人也很糟糕，他們一有閒暇時間就放縱自己盡情享樂，過著花天酒地、醉生夢死的生活，拚命糟蹋自己的精力、體力和腦力。

不良的習慣很容易阻礙一個人的成功，而且有相當的不良習慣會直接危害到身體的健康，如果連健康都沒有了，當然更難謀得好的職位了。

一個人只有靠自己的奮鬥，竭盡自己的心智，克服無數的艱辛謀到的職位，才算得上是真正的光榮，才能獲得其他人的信任和尊重。如果你現在的職位並非因為自己的苦幹，而是透過其他方式謀到的，那麼做起事來感覺一定不太好。如果你謀得好的職位是由於父親的面子，或是其他親友的提攜，而如果沒有這些外力的介入，你還要花費多少的精力，經過多長時間，做出多少努力，才能達到此時的地位呢？在現在的職位上，你一定會覺得事情非常地生疏難做，因而常常沒有很大的興趣。因為這個職位不是你一步一步逐漸謀得的，而任何重要的職位絕非淺陋的學識、低劣的才能做得了的，所以，當你做事時必將到處碰壁，那時，你仍願意在那裡做下去嗎？

我們經常可以看到這樣的悲劇：一位富商把自己的孩子安置在自己開設或自己擔任股東的公司裡，儘管他的孩子毫無本領，但職位卻高人一等。他的部屬都比他努力，而且經驗也要豐富得多。試問，如果那兒子稍有些見識，會怎麼想呢？他一定會感到羞愧難當。其實，他自己心裡也必定很明白，這職位其實應該由一位工作多年、富有經驗、精明能幹的人來擔當，但現在他僅僅因為父親的關係，就佔據著高位，幾乎是不勞而獲。只要他領悟到這個問題，一定會覺得有損自己的自尊，無法在光天化日下的世界裡昂首挺胸地做人。

請牢記：當你對自己的雙手和頭腦有十足的信心，確信自己已經具備所想要的職位的條件，並且確信自己一旦謀到那位置必定能夠愉快勝任、能有所建設時，請不要灰心喪氣，不要怕吃苦，不要急躁不安，不要埋怨升遷太慢，而應該一步一腳印地去做，應該像裁判要求參賽者一樣嚴格要求自己，把自己訓練培養成一個適合你所期望的職位的人。你必須懂得，如果職位不是靠自己的認真努力，那麼即使獲得了那樣的職位，也毫無意義、毫無價值可言。

38 卑微與高尚

從前在賓西法尼亞的一個山村裡，住著一位卑微的馬夫，後來這位馬夫竟然成了美國最著名企業家之一，他靠著驚人的魄力和獨到的思想撐起了事業的大廈，他一生的成就為世人所景仰。他就是查爾斯．齊瓦勃先生。

年輕的朋友們很關心齊瓦勃先生的成功，那麼為什麼他會獲得成功呢？齊瓦勃先生的成功秘訣是──每謀得一個職位，從不把薪水的多寡視為重要的因素，他最關心的是新的位置和過去的職位相比較，是否有前途及希望更為遠大。

他最初任職於鋼鐵大王安德魯．卡內基的工廠，當時他就自言自語地說：「總有一天我要做到本廠的經理。我一定要努力做出成績來，使老闆主動提拔我。我不會計較薪水的高低，我只要記住：要拚命工作，要使自己工作所產生的價值，遠超過所得的薪水。」他下定決心後，便以十分樂觀的態度，心情愉快地努力工作。在當時，恐怕誰也不會想到齊瓦勃先生會有今日巨大的成就。

齊瓦勃的童年時代家境非常艱苦，家中一貧如洗，所以，他只受過短期的學校教育。齊瓦勃從十五歲開始，就在賓西法尼亞的一個山村裡做馬夫。兩年之後，他又獲得了另外一個工作機會，周薪為二·五美元。但他仍然無時無刻不在留心其他的工作機會，果然有一次他又遇到了一個新的機會，應某位工程師之邀，到卡內基鋼鐵公司的一個建築工廠工作，工資由原來的周薪二·五美元變為日薪一美元。做了一段時間後，他又升任技師，接著一步一步升到了總工程師的職位。到了齊瓦勃二十五歲時，他晉升到那家房屋建築公司的經理了。五年之後，齊瓦勃開始出任卡內基鋼鐵公司總經理。三十九歲時，齊瓦勃獲得了全美鋼鐵公司的總經理。如今，他是貝茲里罕鋼鐵公司的總經理。

齊瓦勃只要獲得一個位置，就決心要做所有同事中最優秀的人。他絕不會像某些人那樣脫離現實胡思亂想。有些人經常會不守公司的紀律，常常抱怨公司的待遇，甚至寧願在街頭流浪，靜待所謂的良機也不願刻苦努力。齊瓦勃深知，只要一個人有決心肯努力不畏艱難，必定可以成為成功者。在今天的年輕人看來，齊瓦勃先生一生的奮鬥與成功故事，簡直是一個情節曲折的傳奇，但更是一個對人教益最大的典範。從他一生的成功史中，我們可以看到勤勞努力所具有的非凡價值。做任何事，都能做到非常樂觀而愉快，同時在工作上求得一切盡善盡美、精益求精。所以，在他與同事們一起工作時，那些具有難度的事，都得請他來處理。齊瓦勃先生做事的態度是一步一腳印，從不妄想一步登天、一鳴驚人，所以，地位的上升也是必然的。

作為一個職員，如果你想迅速獲得升遷，只要完成一件其他人無法完成的重要工作就可以了。做到這一點，就容易超越那些年資比你深的職員。如果一個人做起事來能刻苦、有耐力、反應敏捷且能處處替公司考慮，如果他隨時隨地都能動腦筋想出些明智、有創見、完善的方案來，那麼他的上司自然會逐漸重視他，並在適當機會把他提拔到一個重要的位置上。

沒有一個老闆不喜歡忠誠可靠的部屬，他們時常在考察哪個員工是可靠的，哪個員工是不可靠的。對於員工的勤奮程度，做事的成效都知道得一清二楚。任何工作不努力，錯誤不斷的員工都逃不過老闆的眼睛，遲早都會被老闆發現且受到懲罰。

許多人雖然在工作上很誠實可靠、不欺騙作假、不隱瞞真相，但由於他們在工作上的做法無法獲得他人的信任，所以老闆很難把他當作心腹。

大部分老闆對員工的品格也很清楚，明白哪些人是專門喜歡偷懶，哪些人平時不做努力而習慣在老闆面前假裝賣力。最容易讓老闆信任的部屬，總是能做到認真工作、從不怠惰、忠於職守。

一個員工如果想獲得升遷，首先要得到老闆的信任。任何老闆絕對不會無緣無故提拔一個他不信任的人。老闆所希望的是：無論在他面前還是他不在的時候都一樣努力，一樣忠實可靠，甚至在無人監督的情況下，做事還會格外賣力一些。

而那些迅速升遷的人，往往隨時隨地都會考慮到老闆的利益，他會盡其所能及替老闆分擔工作，竭盡全力來協助老闆實現經營計劃。

所以，晉升的秘訣有三條：一、忠於自己的職責，誠實可靠；二、隨時隨地考慮老闆的利益；三、刻苦耐勞，全力以赴。

如果你希望盡快升遷，早些獲得高的職位，那就一定要養成自動自發的精神。必須注意做好老闆希望完成的事情，還必須調動所有的創造住、洞察力和常識，且迅速解決隨時產生的問題。

沒有一個迅速晉升的人工作時需要別人來指導督促，世上最容易獲得成功的人無不具有反應敏捷、行動迅速、勤勞刻苦、意志果決、工作主動等種種高貴的品格。

如果你像一個木偶般，「人家牽一下才肯動一下」，那麼久而久之，你所有的才能、天賦、智慧、創造力都將逐漸消失，這樣，你就永遠不會有成功之日。

做任何職業，你都不能這樣想：「只要照著上司的吩咐和方法，按部就班去做就可以了。」而必須在做事過程中盡力使自己智能、思想和創造力發揮得淋漓盡致，只有這樣，才能得到別人的重視和尊重。

只要認真觀察周圍的事情，其中有很多的事是可以不必等上司吩咐就應該去做的。如果對於這些事，你那樣想：「反正老闆不在這裡，就省省力氣吧」，那麼你也不會有太大的發展。因為每位老闆對於員工在實際工作中努力與否都極為重視。

事事馬虎，處處投機取巧，經常都認為自己所耗的精力和時間已經遠超過薪水的酬報，因為沒有額外的津貼所以不再多加把勁，也不肯多提一些如何改善經營的建議；對於同事，表現出冷淡、輕視的態度，還常常對同事們說不要白白替公司效勞——如此這般的年輕人，無論學識再高本領再大，也絕不會有出人頭地的一天。

因為他們太自私了，這就是他們成功道路上的最大障礙。有些年輕人常常抱怨自己升遷得慢，如果老闆對他們說：「這完全是因為你太自私的原因」，他們一定會感到驚訝。其實如果他們夠明智，能替老闆考慮一下，就知道他們最需要的就是工作踏實、刻苦努力、和善仁慈、虛懷若谷的員工，這些員工也必然是升遷最快的。

許多人無法進步往往都是因為一些看來很小的毛病——草率疏忽。任何事情只要一經他的手，其他人就再也放心不下，不得不再去查看審核一番。這樣的人做起事來，永遠是錯誤百出、品質拙劣。

任何人都不會信任一個做事馬虎的人，因為他們無論是在精神上還是在工作上都含糊不清，靠不住。一看見他做事時粗拙的成績，人們就容易想到他的為人。

小說家艾略特在其中一部作品中，描寫過一個名叫文西的失敗者，文西本來已是一位著名絲織品的經營商了，但後來聽了妻舅的話，投機取巧開始用一種廉價的染料來染織品，結果，生產了品質粗糙的產品，從此生意一落千丈。相反，一個名叫皮特的人卻因為做事忠誠態度細心，所以很快就獲得了成功。

只有那些做任何事情極其清晰敏捷的人，事事都能得心應手的人，才能享有盛譽以及迅速獲得成功。

其實，對任何事情，不做則已，要做就一定要做得盡善盡美，不然一定會被淘汰。那些只能做一半事情的人，沒有人會信任他。如果他要借款，一定是求告無門；更沒有人願意找他來管理金錢。無論他走到哪裡，都不會受到歡迎。

如果我們觀察那些因為沒有職業而違法亂紀、鋌而走險的人的品格，就可以知道，這些人大部分都有著做事拖延的惡習。當一個人有工作可做時，只要處處認真細心，做事精益求精，沒有沾染其他過分的惡習，那麼絕對不至於淪落到因失業而走投無路的地步。

現在，在世界各地有數千萬人因為失業而恐慌，但與此同時，那些大公司、大工廠卻在不斷地做招聘廣告，他們到處在尋找人才。

毫無疑問，一位老闆要提拔員工，當然會考慮那些辦事穩當，做事認真的人。那些做起事來必須要經他人修正的人絕對不會被他們看上眼，他們最滿意的乃是那些做事有條不紊、不辭勞苦的人。如果你與任何一位老闆交流，他們都會告訴你，一個無法獲得升遷的人多數都失敗在做事不勤快、不完整上。

有些人從小就養成了「被動的習慣」，他們讀書不求甚解，考試也只是應付。

這樣的人將來在社會上任職時，也一定會染上做事缺乏條理、專門應付了事的不良習慣。等到那時，如果他再想改可就困難重重了。

我希望青年們能夠牢記這幾句話，無論事情的大小，都應竭盡全力，要做得盡善盡美，若做不到索性不如不做。如果一個人能從小就養成這種的好習慣，他的一生一定可以過得充實、愉快、無憂無慮。

要想過一種滿意、充實的生活，只要做事精益求精、力求完善就可以了。當一個人總是完美地處理事務，從不拖泥帶水時，他心裡快樂的程度自然溢於言表。而那些做事總是馬虎、錯誤百出的人不但做不好事，而且還有愧於自己！

我在此要奉勸各位一句金玉良言：「努力養成追求完美的習慣！」如果你接受了這句話，無疑給自己服了一劑興奮劑，胸懷也將更加開闊，品格一定受到極大的提昇。世上再也沒有其他的東西能使你在精神上、才能上獲得這樣的好處。

很多人常常不願意把事情做得盡善盡美，他們的態度常常是「夠好了」、「差不多了」，以此來敷衍了事。長久下來，由於他們缺乏穩固的根基，所以必定會像一間根基不穩的房屋一般倒塌。

如果想要失敗，有個萬無一失的訣竅，那就是從小養成馬虎的習慣。而成功的最有效辦法，就是做任何事都要精益求精，都要盡善盡美。精益求精的態度，不僅會使你精神愉快、身心健康，還可以使你的才能進步神速，學識也會日漸長進，從而為以後擔任其他更重要的工作奠定基礎。所以，我奉勸那些剛踏入社會、渴望成功的年輕人，要把四個字牢記在心中：力求「盡善盡美」。你要記住，「盡善盡美」是你一生成功的最大關鍵。

斯特萊第．瓦留斯先生是一位著名的小提琴製造家。在他手裡，一把小提琴的製成往往要費不少的時間。但是，你不要以為他很傻，他所製成的小提琴如今已經成為稀有的珍寶了，如果以高價能購得一把，已經算是運氣了。由此看來，世界上任何有巨大價值的東西都非得用全部的精神，以不畏千辛萬苦的姿態才能做成。

力求盡善盡美的態度，不但會使你進步神速，還會對你的個性、品格和自尊產生極大的影響。無論在哪裡，一個工作完美無缺的人到處受到人們的歡迎。所以，要及早下定決心，從現在開始，任何事情都要處理得盡善盡美；對任何事都要集中心思、全力以赴。

39

注意你的衣著與表情

有許多年輕人學識淵博、精明能幹，但因為不注意自己的外表和儀態，以致在求職面試過程中被刷了下來。

一個富有經驗的主管當然不會招聘一個衣衫不整、彎腰駝背、坐無坐相、站無站相的人。其實，在剛見面的一剎那，招聘面試官已經從你的外表和神態上看出了大概情況，從而決定了是否要錄用你。

公司的主管人員最歡迎的是那些彬彬有禮、溫文儒雅、精神飽滿、頭腦清晰、應答如流的人。而且，任何人都喜歡與反應敏捷、令人愉悅、生氣蓬勃的人來往。有一位對此頗有感受的人這樣說：「一個商人如能穿戴整潔，並把他接待顧客的工作場所佈置打掃得清潔美觀，那麼他所投下的十分資本要獲得五分利潤，並不是一件難事。」

但是，如果這個商人再進一步能明白顧客心理，而時常面帶微笑和善親切地去接待顧客，那麼投下十分資本要獲十分利潤，也不見得是件難事。

40 做仁慈的老闆

我們經常聽到一些老闆抱怨很難找到一個滿意的得力助手。他們到處尋求、探問，報紙、雜誌也登了招聘廣告，但仍舊找不到一個滿意的好助手。這些老闆通常都是很驕傲的，他們往往自視甚高，所以，任何員工到他們手下做事，就絕不會快樂，整天都要聽老闆的粗聲惡語，以及指責和辱罵。同時，這些老闆還往往不許員工辯護和申訴，否則會受到懲罰，嚴重時甚至將員工解聘。

在這種老闆眼裡，員工簡直就像奴隸般，薪資不高，卻要控制員工從早到晚的全部自由與時間。這種老闆絕不會允許員工有意見，也不讓員工有進修和發展的機會。在他眼裡，員工為了他的利益似乎非把自己的精力、慾望、功名、幸福、家庭等等，全部犧牲不可。

老闆只是付了一點微薄的薪資，而沒有其他物質上或精神上的獎勵安慰，就想把員工所有的體力、智慧、技能、忠誠一股腦全買下來，還希望員工能夠愉快地勝任，能夠做事迅速反應敏捷。

根據多年處事的經驗，我深知明智的老闆和不明智的老闆想法實在差太多了。一個明智的老闆對自己所聘男、女員工的天賦才能無不熟悉，他還會運用巧妙的方法，使這些員工的才能儘量發揮出來，為他所用。這種方法就是以自己為榜樣，因為人們都有一種共同的特點，那就是容易對外來的刺激做出相對的反應。例如：別人對我們笑容可掬時，我們也一定報之以笑容可掬的態度；同樣，當我們對別人表示憤怒、批評、指責、輕視時，我們從別人那裡所獲得的反應也當然是一樣的。因此，員工對你的反應怎樣，要看你對他的態度如何。

的確，有許多在職的員工不願在職務上負責任，但實際上他們也許是很願意好好盡職的人。我們常常看到這樣的例子，在甲公司被視為毫無才能、一無是處的職員，到了乙公司卻完全不同，做得非常出色。我見過很多這樣的情況，有許多被原來企業辭退的員工，他們的確有種種的缺點，例如：常常發脾氣與上司吵嘴、不肯服從命令等等。但是，當這些員工到了另一家企業卻往往擔任極高的職位，負起重大的責任。原因倒不是因為他們被辭退後受了刺激而豁然悔悟，而是因為新的老闆對待他們的方式完全不同的緣故。以前的老闆從來不信任他們，不尊重他們，又只肯給很低的待遇，還常常要惡聲惡語地訓斥他們。但現在新的老闆卻處處信任他們，重視他們。

世上有許多老闆之所以無法充分利用員工們的才能，就是因為這些人對員工的待遇條件過於苛刻，對員工太冷酷。而苛刻的條件、冷酷的態度必然會消滅員工的忠誠之心。

同樣一件工作，如果機械式勉強去做，和那動腦筋有創意傾注全部精力來做，其績效的差距有如十萬八千里。其實，一切事業優劣成敗的癥結都在這個問題上。

如果一個老闆對下屬要求過於嚴厲苛刻、無情無義，那麼員工一定是以機械式的態度在工作；而只有對下屬和藹親切、寬宏大量的老闆，才會用到能盡力發揮的員工。

一個思想開明的老闆經常都讓員工們知道，對他們寄予了很大的希望。還要使員工知道，老闆只是員工們的一個夥伴、一個同事、一個與他們精誠團結、真誠合作的人，而不是隨便把他們當機器使用的人。

在一個明智的老闆手下工作的員工，一定會使出他們所有的能力和潛力來幫助老闆，與老闆一起同舟共濟地向目標前進。這種勞資關係，不僅有利於勞資雙方，而且還對社會大大有利。

與之相反，那些要求苛刻，態度頑固的老闆，恐怕只能請到做事馬虎，敷衍了事的員工，無法從員工身上得到有益的建議，也絕不會有員工對如何改進經營提出什麼意見，更沒有人會關心他事業的成敗。

老闆想要實現自己最大的利益，應該以員工的利益為基礎；同樣，員工的利益也要建立在老闆利益的基礎上，一個老闆如果能有一個得力的員工，相當於添了一筆巨大的資本。員工如果能幫助老闆動腦筋、發展生意，那麼無疑也會使自己賺到更多的薪水。

當老闆給員工優厚的待遇時，員工必然覺得應該盡到自己的職責，做起事也會處處考慮到老闆的利益，盡力想辦法節省原料把握時間，在工作上竭盡精力，努力使老闆的事業發展起來。

很多老闆沒有注意到，有時幾句誠懇的讚美之辭，也會對於增進員工的興趣與忠誠有意想不到的作用；反過來也一樣，埋怨與不滿，看不起員工會使員工感到心灰意冷，從此再也沒有動力來工作了。員工不良的態度，會給老闆造成極大的損失。

有不少老闆非常吝嗇對人讚美和獎勵，理由是：一個工作充滿幹勁的人一旦被人誇獎了，往往就會驕傲起來，甚至開始怠惰。實際上，誇獎讚美是每個人都需要的。我們只要看一下那些得到老闆厚待及讚美的員工努力工作的情形，就可以證明那種見解是多麼的錯誤。

要使員工們竭盡全力，一定要懂得如何激勵員工，一個老闆如果對員工流露出懷疑的情緒和不信任的態度，往往容易使那些對你極有幫助的人也開始變得心灰意冷，再也無心為你效力、表示忠誠了。

在一個企業裡，最能打擊員工的熱忱和志氣的莫過於老闆的不信任。如果老闆不信任員工，則員工也不會再關心公司的經營及盈虧了，同時對工作的興趣也可能完全喪失。

而那些能夠處處體貼員工，對員工親切的期望和誠懇的讚美鼓勵，時常注意增進與員工間的感情，員工們當然會深受感動，把全部的智慧、精力都集中在工作上。

不少老闆不太注意工作環境對員工的工作所發生的影響，對於年輕的員工來說，那就更是如此，年輕人最容易受工作環境的影響，也最容易為老闆的言行舉止、思想行動、態度價值所同化。所以，如果你自己是一個做事有條理、肯守紀律、反應敏捷、做事迅速的人，員工一定會以你為榜樣，把工作做得更好；如果你是一個忠於職守、關心業務、品格優秀、學識淵博的人，他們也一定會追隨你，一步步地前進。

反之，如果你遇到事情總是遲疑不決，常常坐失良機，做起事來既無條理又無耐心，那麼你的員工也一定會受到你的影響。

另外，還有許多勞資糾紛，都是因為勞資雙方缺乏親密關係，缺乏深刻的瞭解和堅定的信任，或是因為雙方在權利和義務上沒有達到適當的平衡，如果勞資雙方能夠及早糾正這些錯誤，這些問題都不難得到解決。

41 真正的良朋益友

關於友誼，愛默生說過一句最經典的話：「一個真摯的朋友勝於無數個狐朋狗友。」的確，除了自己的力量之外，再也沒有別的力量能像真摯的朋友一樣，幫助你實現成功。

一個思想與我接近、理解我的志向、瞭解我的優勢和弱點，能鼓勵我全力以赴做每一件正當的事，能消解我做任何壞事的不良意念的好友，不知道會增加我多少能量以及多少勇氣，他們往往使我下更大的決心—不達成功絕不罷休。

那些無論在何種環境下都能與任何人交往，能建立起真摯友誼的人，朋友對他無形的幫助將非常大。好朋友在精神上可以慰藉我們，使身心得到更大的快樂。

有一次英國倫敦的一家報社懸賞徵求對「朋友」一詞的解釋，其中一個參賽者寄去的解釋是：「當所有人都離我而去時，仍然在我身邊的那個人。」這個說法道盡了一切。

當一個商人經濟上遇到困難，或遇到出人意料的重大變故，正在萬分焦急、手足無措時，突然有位朋友過來幫助他，支持他這才是真正的朋友。而現在的人際關係好像完全陷於交易和金錢，真正的友誼越來越難找到。

如果一個人見了人就想躲避，喜歡過一種與世隔絕的孤獨的生活，其實不是好事，這會妨礙人的進步與成功，如果一個人只顧埋頭於自己的事情，對外界漠不關心，那麼也等於已經走入另外一個世界。等到朋友們來看他時，他不是找個藉口不見他們，就是隨便敷衍一下。久而久之，朋友都不再來了。這樣，即使他有了什麼困難，要想求助於人，也不太會有人理他，到那時豈不後悔莫及。

社會中有許多靠朋友的力量而成功的人，如果能把他們的成功過程一一研究，其實是一件很有意義的事，一位作家說過這樣的話：「現代社會，人們完全靠一個規模龐大的信用組織在維持著，而這個信用組織的基礎卻是建立在對人格的互相尊重上。」他還說：「誰也無法單槍匹馬在社會的競技場上贏得勝利、獲得成功，換句話說，只有在朋友的幫助和擁護下，才不致於失敗。」

好朋友不但可以陶冶我們的性情，提高我們的人格，還可以隨時給我們幫助。當知道有人信任我們，這是一種極大的快樂，能使我們更有自信。如果朋友們，特別是已經成功的朋友們，認為我們的才能是能夠成功的，是可以創下一番有聲有色的事業的，那麼，這對我們來說不啻是一劑強心針。

許多胸懷大志者正在驚濤駭浪中掙扎、在惡劣的環境中奮鬥，希望獲得一點立足之地時，若知道有許多朋友懇切地期待者他的成功，那他將變得更有勇氣、更有力量。有不少天性善良、有成功把握的人，就是因為沒有人對他們表示有力的支持和真誠的信任，所以最後歸於失敗。

有些人有著極大的魄力和成功的條件，但是周圍的朋友老是鄙視和奚落他，甚至他最親愛的父母師長都瞧不起他，於是，便喪失了勇氣，也不再對前途抱有希望，就索性過一種不思進取的生活了。

如果這種人有幾個朋友能真正愛護他、信任他，看到他的才能，並能常常在旁邊上鼓勵他、督促他，那麼他會感到非常的快樂，會在前進的道路上努力不懈，爭取未來的成功。

無論對於哪一種人，如果信任他，並看到他的能力（其實，任何人生下來都有在某一領域成功立業的能力。）你不妨老實對他說：他將來一定可以成為大人物。以這種坦率誠懇的鼓勵態度去待人，得到的效果往往比給人物質上的援助要好幾萬倍。

42

創業應具有的慎重態度

現代商業競爭非常激烈，各行各業的生意幾乎都被幾家大公司所壟斷，商業有如大魚吃小魚般，到處是兼併和收購，結果是富者越富、窮者越窮。所以，我奉勸那些沒有十足把握的青年，還是不要拿有限的資金去孤注一擲。

如果還不具備創業所需的卓越能力，那麼想要自已開創事業，想要在激烈競爭中站穩腳步，要想獲得成功的確不是一件容易的事。

不少人在毫無把握的情況下開始經商，雖然認真努力、刻苦耐勞，但可能收入還不如當一個職員。這還沒有把自已當老闆的心理壓力考慮在內。

許多在大公司裡工作的員工其實生活得很舒適，有些人還買了房子，平日出入也有車，許多創業者的生活還不如他們呢？

記得數年前紐約有一家專售英國出產的手套的小商店，生意非常興隆。但是，後來另一家大公司卻利用雄厚的財力與英國公司簽了合約，實行包銷。結果，那家小商店的貨物來源從此完全斷絕，不久只好關門。在我們的社會上，這種例子不知有多少。凡是明智的商人，這些事情都看得一清二楚。所以，我不敢冒失地勸青年人獨立創業。像這種大魚吃小魚的情形，常常發生！

開店所花的廣告費數目相當可觀，對大公司來說，每年投入的廣告遠遠超過幾家小公司的全部資產，百貨公司花了很高的代價請人把櫥窗裝飾得富麗堂皇，以便吸引路人觀賞、消費。為了贏得顧客的歡心，大公司更有最豪華的走廊、舒適的休息室，飯店和大廳都裝飾得富麗堂皇。但只有小額資本的商人呢？也許他們的全部資產只夠大百貨公司的一個廚窗而已，這又如何競爭呢？所以，對於有志創業的人來說，一定要把你的機會、條件好好考慮一下。

任何人為了提高自己的社會地位，為了希望能過獨立自主的生活，為了不長久屈居人下，而準備動手創業，無可非議。但非得有廣闊的胸襟、遠大的眼光不可。面對入不敷出、經營形勢不利的情形，他要努力調整，使收支平衡。面對一切可能的危機和困難，他必須努力奮鬥，度過難關。面對市場蕭條、生意清淡時，更要竭盡全力安然度過。更要立下決心，對任何艱難絕不退讓；出售任何商品絕不心存欺騙；每筆支出都要花在刀口上，千萬不可因貪圖虛榮而胡亂花用。

其實，經商是一種最偉大的教育。唯有經商，才最能訓練出一個頭腦清晰、目光敏銳，能夠完全自立自助的人。一個準備獨立經營事業的人，必須要完全依靠自己，完全信賴自己，不求外援，自己拯救自己；如果不能做到這一點，那還是去領別人的薪水較好。

總是依賴他人、完全靠薪水維持生活的人，最容易削弱自己潛在的才能。因為處處得受老闆的管束，便不易全面發展自己，而只有在行動上、事業上、言論上、思想上都獲得自由的人，才有進步的可能。

我對青年們說要獨立創業，並非希望他們去賺多少利潤；主要目的在於希望他們能透過獨立經營多學些實用的知識，並把體內的各種潛能開發出來。許多人在做一般職員的時候，絲毫沒有流露出發展潛能，但當這些人自己創業後，其智慧和能力好像突然有突飛猛進的發展。

一個想自己創立事業的人，如果手裡只有一小筆本錢，或者幾乎一點本錢都沒有，那麼創業就是一件非常困難的事情。他必須集中自己所有的力量，必須養成良好的判斷力，要提起全部的精神充分地準備，把所有的精力集中在最有效的途徑上。

經商是一種最艱苦而又實用的教育，經商與所有教育相比更難學習，更難求得進步。一個商人如果無法以堅韌不拔的態度把所有的精力全部傾注到事業上，是很難獲得出色的成果。所以，商業真是一所最能培養出卓越人才的偉大學校！

只有小額資本的創業青年也有有利的方面：資本額越小，對機會也就越注意，所以可以抓住很多重要而細小的機會很快發展起來，使自己的資本迅速累積。以小額資本起家的年輕人往往還容易養成謹慎、精打細算的習慣，所以不太會做風險大的事。

小額資本的創業者還無時無刻集中自己的精力、勇氣和決心向前進步。在未成功以前，往往把自己的那點微小資本看得十分寶貴，萬分珍惜。

一個創業青年要對自己的每一分錢都看得特別重要，都要做到用在刀口上。例如：一個在前線作戰的士兵對他僅有的一點子彈一定看得極其珍貴，必定想做到每發必中，每一發都能有著應有的效果。一個剛剛創業的年輕人當然應該把一分錢當成二分花。

如果一個人有強烈的成功意願，更有令人佩服的才能，精通商業技巧，並且善於精打細算，為人誠實守信，做事又刻苦努力，那麼即使遇到障礙和困境，即使沒有一點資本，但實際上他已經具備了成功的條件。

43

避開債務的陷阱

如果你認為只要借得到一筆資本，就可以創業了，那就完全想錯了。實際上，即使已經借到資本，也未必會創業成功。

因為據我所知，那些毫無商業經驗的人靠著借來的錢做生意，而最後能成功的實在不多見。

一個毫無成功把握的人去創業，沒有不遇到困難的。但是，如果他的確有相當能力和充分的成功把握，這樣無形中就已經在別人面前建立了信用，即使他靠借來的本錢創業，也沒有太大關係。

一個要創業的人，首先必須熟悉所要從事的業務範圍的詳細情形；其次，還要有挑選優秀員工的眼光。如果這兩點做不到，你對於所要經營的事業毫無頭緒，在挑選員工方面也不加區別，那麼即使做事忠誠，待人誠懇，當你向別人開口借錢，別人也會毫不猶豫地一口回絕，當你準備創業之時，最好不要心存太大的奢望，開始規模小些不要緊，只要你的確是一個傑出的人、有才能的人，經過一段時間的籌劃經營後，自然能發展得非常好。如果能做到這一點，即使資本是借來的，也有還清的一天。

富蘭克林那「貧窮的查理」裡，有句話說得好：「借錢等於自投苦惱的羅網。」當然，這句話並不適用全部的情形，也有一種例外。當一個人因為意外事件而陷入困境時，當遭遇許多從天而降的禍患的時候，往往任何人都難以靠自己的努力去避免，即使是滿懷希望的事業也難免遇到意外的困難和阻力，到了那時，無論如何小心謹慎，無論思想上怎麼正確，無論怎麼不想向人借錢，為了穩住一時的陣腳，都必須硬著頭皮去貸款。但是到了那時，也要謹記一條：「借得慢，還得快。」

一個走上生活的正軌、沿著事業健康的道路前進的人，首先要注意的是—要在自己的才能和意願以及目標之間建立適當的平衡。不要因為野心太大、眼光太高，便走上舉債經營的道路。應該記住一句話：「儘可能地避免舉債。」

美國的一位著名人物史蒂芬森為人十分小心謹慎，為人所共知，人皆敬仰；但是他在描述自己理想中的生活時，還戰戰兢兢地希望自己不要陷入借貸的漩渦中去。

史蒂芬森說；「我們對他人必須示以親愛和忠誠，平時應該量入為出。對於自己的家庭，應該保持快樂的氣氛。對朋友必須竭力避免仇恨，當然也絕不可忍受無謂的屈辱，如果遇到蠻不講理的人，最好還是早些避免開為好—這是通向理想生活的捷徑。」

紐維爾．希里斯博士也說：「你要使自己過一種安穩的生活，要保持自己良好的名譽，必須要遵守一條規律不可：那就是賺得多花得少。」在這個到處佈滿陷阱的社會，彷彿沒有什麼比這件事更需要加以小心防範。

有的青年之所以喜歡向人借貸，是因為他們看不到借貸背後所隱藏的危險。如果他們考慮到萬一不能還清債務的嚴重後果：包括喪失人格、迫不得已的撒謊、可能的營私舞弊、為逃避債務而東躲西藏等等，真不知道要急成什麼樣子，甚至連覺也睡不著，飯也吃不下。負債是世界上最苦惱的事。只有那些因債務纏身，時刻受著債主的催債和壓迫、因債務而吃盡苦頭的人，才知道負債是人生的最大威脅。

44

誠懇和機智

真誠的好友，隨時隨地都會尋找機會誇獎我們；當我們陷入糾紛的時候，他總是竭盡全力來援助你；如果他聽到背後有人說我們的壞話，一定會為我們極力辯護，甚至予以回擊。你想得到這樣的好朋友嗎？那麼，你非得學習「誠懇」這兩個字。唯有真摯誠懇的人，才能交到真摯誠懇的朋友，才能交到肯幫助你、提醒你、支持你的好朋友。

有些人經常喜歡惹是生非、惡作劇，甚至幸災樂禍；話裡充滿了冷嘲和熱諷，這種人誰看見都會覺得厭煩。行為粗魯、說話尖酸刻薄的人，一生也難交到好友。

對我們來說，「誠懇」是一個人安身立命的無價之寶；反之，「不誠懇」則是一把會破壞我們一切東西的可怕利劍。但「誠懇」並不意味著非常直接毫不保留，還需要相當機智加以配合。

世上最不幸的就是那些既缺乏機智又不誠懇的人。很多人常常自以為很幽默，經常喜歡對人開玩笑，處處表現出小聰明，結果弄得與他交往的人不敢再信任他，以前的朋友也會敬而遠之紛紛躲避。

機智對於生活的巨大價值，要比書本知識高出好幾倍。如果推銷員缺乏機智就賣不出東西，店員缺乏機智就吸引不到顧客，律師缺乏機智，出庭辯論必定一敗塗地。做為公司的管理階層，尤其離不開機智，有了機智，就可以免去許多勞資糾紛。總而言之，機智在人際交往中益處無窮，每個人都應該學習和應用這種寶貴的品質。

45

獲得他人信任的方法

一個人如果希望能受人歡迎和尊敬，首先要獲得人家對他的信任。一個人如果學會了如何獲得他人信任，要比千萬財富更足以自豪。

但是，世上真正懂得獲得人信任的人真是少之又少。大多數的大都無意中在自己的路上設置了一些障礙，例如有的品行不佳，有的缺乏機智，有的不善待人接物，常常使一些有意和他深交的人感到失望。

在人際關係過程中，給人的第一印象往往是最深刻的。所以，我們一定要注意自己的第一印象。最有希望成功倒不是那些才華橫溢的人，而是那些能以親切和藹的態度給人好感的人。

人類彷彿有一種共同的心理，如果有人能使我們感到高興，即使事情與我們的心願稍有背離也沒什麼關係。

如果一個推銷員很懂得與人交往的方法，一言一語都能迎合你的心理，獲得你的歡心，那麼你自然願意讓他推銷；即使你覺得自己並不需要，也不好意思拒絕。

我們生活中的許多例子都可以證明，能博得人的歡心、獲得人的信任，是為人處世必不可少的。要想博得人們的歡心、獲得人們的信任，首先就是要養成令人愉悅的態度，臉上要時常帶著笑容，動作要輕鬆活潑。

與人交流，不要把重點放在自己身上，應該學會做一個傾聽者，常常流露出對別人的談話內容感興趣，能仔細聽對方說話。這樣做對自己絲毫無損，但所表現出的態度最令人感動。

任何事業要成功都需持之以恆，同樣，要獲得別人的信任也是如此。良好的態度要一以貫之，千萬不要今天扮了一天笑臉，明天卻故態復萌。一個志向高遠、意志堅定的人，做任何事情都會有始有終，深獲人心。

46 從黑暗中拯救自己

一個身處逆境卻依舊能帶著笑容的人，要比一陷入困境就立即崩潰的人獲益更多。處於逆境而樂觀的人，才具有獲得成功的潛質。有許多人往往一遇逆境，便立刻感到沮喪，因此達不到他們的目的。

人類的天性是喜歡與和諧快樂的人相處，當人們看到那些憂鬱愁悶的人，就如同看到一幅糟糕圖畫般。一個人不應該做情緒的奴隸，一切行動皆受制於自己的情緒，人應該反過來控制自己的情緒。無論周遭的處境怎樣的不利，也應當努力去支配你的環境，把自己從黑暗中拯救出來。當一個人有勇氣從黑暗中走出來，面向光明大道走去，後面便不會有陰影了。

破壞人類成功最壞的敵人，便是思想的不健康，以沮喪的心情來懷疑自己的生命。其實，生命中的一切事情，全靠我們的勇氣，全靠我們對自己有一個樂觀的態度。唯有如此，方能成功。然而一般人處於逆境時，或是碰到沮喪的事情時，往往會讓恐懼、懷疑、失望的思想來搗亂，便喪失了自己的意志，導致讓自己多年來的計劃毀於一旦。有很多人如同從井底向上爬的青蛙，辛辛苦苦向上爬，但是一旦失足，就前功盡棄。

一個在思想、心智上訓練有素的人，能夠做到在幾分鐘內從憂愁的思想中解脫出來。但是大多數人的通病是：不能排除憂愁去接受快樂；不能消除悲觀來接受樂觀。

人在憂鬱沮喪的時候，要儘量改變自己的環境。無論發生任何事情，對於使自己痛苦的問題，不要過多去思考，不要讓它再佔據你的心靈，而要盡力想著最快樂的事情，對待他人，也要表現出最仁慈、最親愛的態度，說出最和善、最快樂的話，要努力以快樂的情緒去感染你周圍的人。這樣做以後，思想上黑暗的影子，必將離你而去，而那快樂的陽光將映照你的一生。

每個人都應該養成一種永遠不回憶過去悲痛事件的習慣，而是要進入最有興趣的環境中，去尋求幾種能使自己快樂和受到鼓舞的娛樂。有些人在家庭中尋找娛樂，和他們的孩子們嬉戲；而另外一些人則在戲院中、在談話中，或在閱讀富有感染力的書籍中尋求娛樂。

鄉間也是一個神奇的娛樂寶地，常常是悲痛心情的療養所。有時一小時的散步，也可改變一個人的心情。

47

事業的成敗在於你自己

要讓人們敬重你、佩服你，是一件不容易的事情。一個人一旦沒有自尊、自重的觀念，那麼任何事情都不會成功。

一個對於自己的好惡、成敗有自知之明的人，才有希望走上成功的道路。有的人喜歡批評別人，見到別人有所成就，就充滿了嫉妒。他們不知道一個人要獲得真正的成功，必須誠心正意，毫不掩飾地剖析自己、改善自己；有了適當的發展環境和外在條件，再具備這些特質，就不難成功。

如果他的謀生與工作方式是與自己的良心背道而馳的，即使對別人的損害不加考慮，自己的身體和精神上所受的痛苦，也會使他寢食難安。

一個喜歡裝腔作勢的人，終有被人拆穿的一天。當他春風得意時，固然可以耀武揚威、神氣十足，可是一旦被人揭穿真相後，必將羞愧難當、無地自容。

無論職位與身份如何，做事的時候一定要實事求是，絕不要違背良心，如果做不到，一個人的信譽、勇氣和才能絕不會有可靠的基礎。只有堅持這種做法，才能使人在走向成功的道路上克服種種可能的危機。

真正的成功並非一定要建立什麼豐功偉業，或者一定要成為一個億萬富翁，也不是一定要使自己的名字在報紙雜誌上發表出來聞名世界，更無需做出什麼驚天動地的事情來。所謂成功，不過是一個人的道德、學識、才能發展到一定的程度，能夠有益於社會和人類的進步。

順應自然的趨勢、恪守自己的職責和本分的人，往往是成功的人。

每個人都要記住，成功既非黃金可以堆砌而成，也非震動世界的名聲可以堆砌而成。

48

珍惜精力，發展才能

要成就一番事業最需要的就是精力，一個人一旦有了精力，無論怎麼困難的事情都不成問題。

但是，很多人往往把自己寶貴的精力隨意揮霍掉，把精力用在一些毫無意義、甚至是自尋煩惱的事情上。要知道，那些事情對他們的成功是毫無幫助的。如果能掌握控制自己的心智和精神的方法，使自己的精力得以積蓄和擴充，而不讓一點精力無謂花在毫無意義的事情上，那麼前程一定會燦爛輝煌。

在農村，春天的時候河水水位很高，這時農夫往往就在河道裡修築水閘，使水不致完全流失；因為一到夏天河水的水源容易乾涸，如果在春天預先修築水閘，把水積蓄起來，等到夏天就不怕鬧旱災了。

做人的道理其實也一樣。在年輕的時候，全身充滿精力，正如春天裡的河水那樣豐富充沛。所以，我們應該盡快修築起意志的水閘，不要讓寶貴的精力白白流失，以致到了中年就因為精力衰弱而無法繼續工作了。

一個人若喪失了腦力，他就不會再有創造力。那些由於狂嫖濫賭、操勞過度或是太空閒而使腦力受到極大損害的人，他的健康、智慧、判斷力、發明能力和創造力都將因此受到很大的損害，甚至會喪失殆盡，如此一來，就再也沒有成功的希望了。

世上真不知道有多少人隨便犧牲自己休息和睡眠的時間，去換得一夜的狂歡，或是瘋狂地放縱一下。這些人對此從不覺得可惜，他們也絕不會想到，這樣做會對前途產生不利的影響。如果一個人缺乏判斷力，對於任何事情總是感到猶豫不決，那麼，任何事業都會因此受到巨大的損失，他的心思、體力和精神都可能因為遲疑不決的牽連，而白白地消耗掉，事業也因此而一敗塗地。

又例如一個人脾氣暴躁，那麼當他大發雷霆時，所有的腦力、體力和精力都將大量的消耗，由於憤怒會使他的生命力大大地降低。

無論身體衰弱還是脾氣暴躁，還是荒淫無度，還是意志不堅，以及其他一切毫無意義的做法，都會成為人們獲得成功的最大障礙。

一個萎靡不振、有氣無力的人要想成功，比登天還難。天下任何事情的成功都屬於那些精力充沛、強勁有力、敢做敢當的人，甚至沒有人願意聘用一個精疲力盡的人。任何有眼光的老闆都希望他所聘用的人有足夠的精力來推動他的事業，甚至有足夠的精力協助他挽回經營上的不利局面。

社會中有無數庸庸碌碌、地位卑微、收入微薄的人，都是一些怕累怕苦、不肯奮發向上的人。他們寧願在社會的最底層自得其樂，也不願花些力氣再向上努力攀登。大自然造人生而平等，成功是任何願意刻苦努力、積極上進的人所應享有的。

「發展自己的才能」，這是人生修養最重要的課程。你必須能夠完全控制自己的意志、自己的能力，還要善於控制自己的情緒，面對來自環境的任何干擾，都要處之泰然，奮發向上；要能夠控制自己，當遇到任何艱難困苦、任何危險阻力時，都要沉著應對，毫不退縮，使自己安然度過；當遇到重大的挫折時，也得把挫折當成走向成功的新起點，努力的新方向。

也許有時仍然不免會感到心灰意冷，但千萬不要對自己的決心有所動搖，一定要沿著自己選擇的道路走下去。

後序

O. S. Marden，美國最偉大的成功勵志導師。他經歷無數的苦難和艱辛及日夜不停的工作，撰寫了許多鼓舞人心的著作。其著作和他所倡導的成功法則改變了世界各地貧苦人民的命運，使他們從一貧如洗變為百萬富翁，從無名之輩變為社會名流。

他認為，個性影響一生的成敗。擁有崇高、正直的人格本身就是最大的成功。

本書揭示獲得財富及事業成功的祕訣，但是卻不贊成追名逐利、貪得無厭。他認為，生活的目的在於成就崇高的生命，而犧牲家庭、名譽和健康，不惜一切代價換取榮華富貴的人，無論擁有多少財富，都是人生的失敗者。本書有通往成功的明燈，檢視你的個性欠缺什麼，用堅定的意志加上不懈的努力，成功就在眼前！

國家圖書館出版品預行編目資料

個性影響一生的成敗/O. S. Marden著. 杜風譯--初版. --
臺北市:種籽文化, 2017.07
面； 公分
暢銷10週年全新增訂版
ISBN 978-986-94675-3-7(平裝)

1.成功法

177.2　　106010541

Concept 107

個性影響一生的成敗(暢銷10週年全新增訂版)

作者 / O.S.Marden
譯者 / 杜風
發行人 / 鍾文宏
編輯 / 陳子文
美編 / 文荳設計
行政 / 陳金枝

出版者 / 種籽文化事業有限公司
出版登記 / 行政院新聞局局版北市業字第1449號
發行部 / 台北市虎林街46巷35號 1 樓
電話 / 02-27685812-3傳真 / 02-27685811
e-mail / seed3@ms47.hinet.net

印刷 / 久裕印刷事業股份有限公司
製版 / 全印排版科技股份有限公司
總經銷 / 知遠文化事業有限公司
住址 / 新北市深坑區北深路 3 段 155 巷 25 號 5 樓
電話 / 02-26648800 傳真 / 02-26640490
網址：http://www.booknews.com.tw(博訊書網)

出版日期 / 2017年07月　三版一刷
　　　　　2018年01月　三版三刷
郵政劃撥 / 19221780戶名：種籽文化事業有限公司
◎劃撥金額900(含)元以上者，郵資免費。
◎劃撥金額900元以下者，若訂購一本請外加郵資60元；
劃撥二本以上，請外加80元

定價：220元

喬木書房

喬木書房